かいけつゾロリの
なぞなぞ200連《れん》発《ぱつ》!

もくじ

いたずらの天才《てんさい》！

かいけつゾロリ

おれさまといっしょに
なぞなぞ200連発《れんぱつ》の
旅《たび》にでかけようぜ！

かいけつ ゾロリ

いたずらの王者《おうじゃ》をめざし、しゅぎょうの旅《たび》をつづけるキツネ。いつかゾロリ城《じょう》を手《て》にいれて、かわいいおひめさまとけっこんするのがゆめ。発明《はつめい》とさむ～いおやじギャグ、そしてなぞなぞが大《だい》とくい！でも、かわいい女《おんな》の子《こ》には、ちょっとよわい。

どうだい？ カッチョいいだろ！

まえ
よこ
うしろ

かならずりっぱなお城《しろ》を
手《て》にいれてみせるぜ！

とくいの発《はつ》明《めい》で
カッチョいいメカを
つくるぜ！

かわいいおひめさまと
けっこんして
おれさま、しあわせになるからな

ゾロリ(旅《たび》すがた)

まえ　よこ　うしろ

かいけつゾロリにへんしんするまえのすがた。でしのイシシとノシシをしたがえて旅《たび》をつづけている。

ゾロリのでし イノシシのふたごのきょうだい

イシシとノシシ

おらたちの
ことも
よろしくだ！

イシシ

ふたごのきょうだいの兄《あに》。ゾロリを心《こころ》からそんけいし、いっしょに旅《たび》をしている。あまくて、ふかふかなメロンパンが大《だい》すき。

イシシとノシシの見《み》わけかた

イシシのはな

ノシシのはな

よ～く見《み》ると、イシシは左《ひだり》のはなのあなが小《ちい》さくて、ノシシは右《みぎ》が小《ちい》さいよ。

よ～く見《み》ると、ノシシは右《みぎ》のほっぺに、ホクロがあるよ。

ゾロリせんせのためなら たとえ火《ひ》の中《なか》、水《みず》の中《なか》！ どこまでも ついていくだよ！！

これからも
ゾロリせんせに
ついていくだよ

ノシシ

ふたごの弟《おとうと》。イシシとおなじでゾロリをそんけいしている。おにぎりが大《だい》すき。イシシとの見《み》わけかたは右《みぎ》ほほのホクロ。

ふたりそろえば こわいものなし!?

おらたちのおならは、すごいいりょくだ。ゾロリせんせをおならでたすけることだってあるだよ。

かいけつゾロリとなかまたち

この本《ほん》にでてくるキャラクターをしょうかいするよ。

ゾロリちゃんをよろしくね。

ゾロリママ

ゾロリのママ。ゾロリがおさないころに天《てん》国《ごく》に行《い》ってしまったが、いつでもゾロリのことを見《み》守《まも》ってくれている。

みんな、こんにちは。なぞなぞ200連《れん》発《ぱつ》への準《じゅん》備《び》はいいかしら？

アリウス

ガパパ村《むら》のうつくしい娘《むすめ》。正《せい》義《ぎ》感《かん》のつよい、勇《ゆう》気《き》のある学《がっ》校《こう》の先《せん》生《せい》。

グフフフフ。次《つぎ》は
どんな方法《ほうほう》で
大《おお》もうけしようかな。
ブルル
コブル

ブルルとコブル

ブルル食品《しょくひん》の社長《しゃちょう》とひしょ。いつもわるぢえをつかって大《おお》もうけをしようとたくらんでばかりいる。ゾロリもだまされてしまうことがよくある。

よろしくな！

ゾロンド・ロン

世界中《せかいじゅう》をまたにかけるトレジャー・ハンターらしいが、その正体《しょうたい》はなぞにつつまれている。

この本《ほん》の中《なか》にも8かしょでてくるよ。どこにいるかわかるかな？(答《こた》えは159ページ)

原《はら》ゆたか

「かいけつゾロリ」の原作者《げんさくしゃ》。本《ほん》やアニメにかくれて登場《とうじょう》することがよくある。

ようかい学《がっ》校《こう》のみんな

ゾロリの旅《たび》のとちゅうで、でてくるよ。
もしかしたら、この本《ほん》でもでてくるかもしれないよ。

ようかい学《がっ》校《こう》の先《せん》生《せい》

みんなゾロリのことをそんけいしているよ。ゾロリたちがピンチのときにはすぐにかけつけてくれるんだ。

もんだいばかりの、せいとをひきいるようかい学《がっ》校《こう》の校《こう》長《ちょう》先《せん》生《せい》。

ようかい学校《がっこう》の せいとの みなさん

クモ女《おんな》
雪女《ゆきおんな》
あずきとぎ
ろくろ首《くび》
ゴーゴン
かさおばけ

ようかい学校《がっこう》の みんなは ゾロリが大《だい》すき!!

えさがしクイズ

かいけつゾロリがせいぞろり!?

まあ、ゾロリちゃんがいっぱい!!

せいぞろりしたゾロリせんせの中《なか》から

のゾロリせんせをさがしてほしいだ!!

答《こた》えは16ページ

まちがいさがし

上《うえ》の絵《え》と下《した》の絵《え》でちがうところが5かしょあるよ。どこがちがうかわかるかな？

1

答《こた》えは16ページ

2

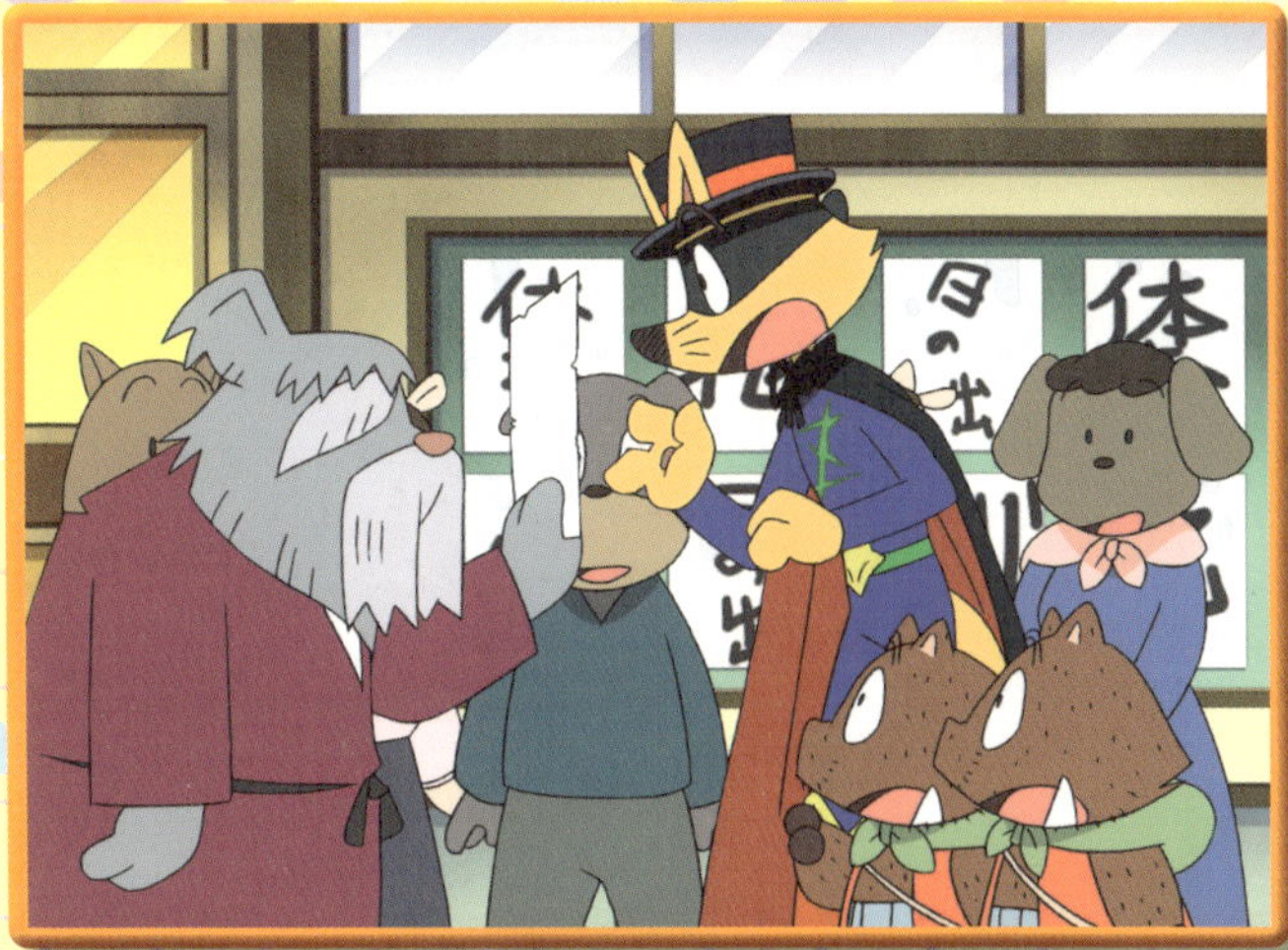

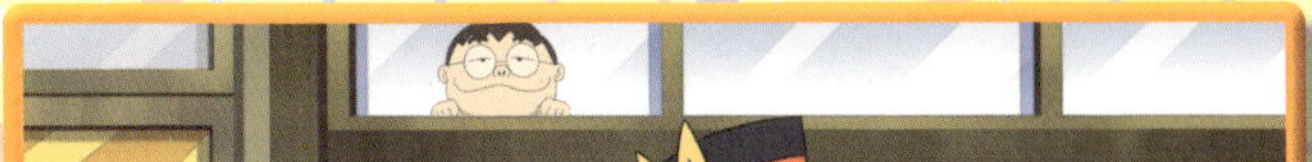

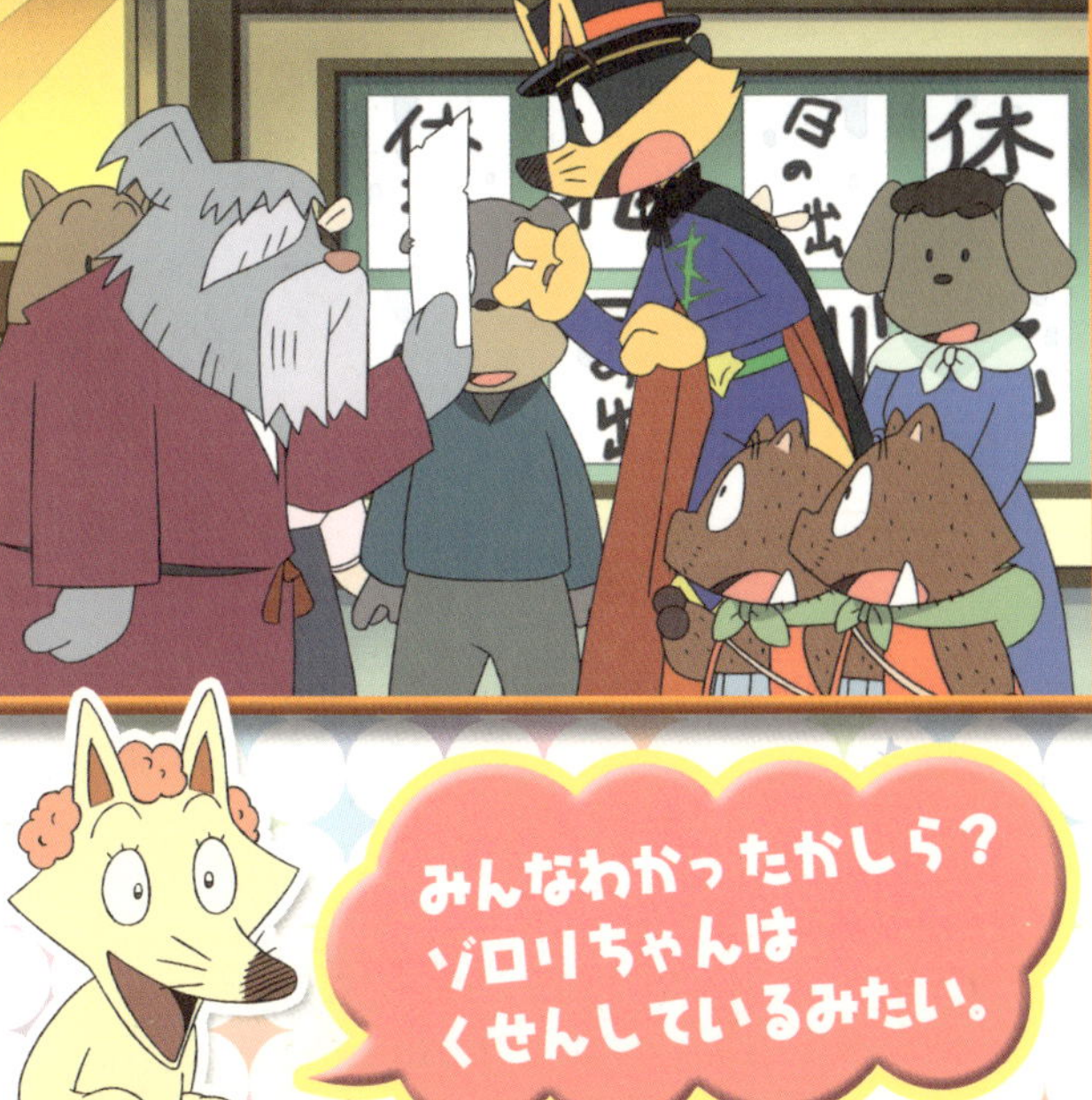
みんなわかったかしら？
ゾロリちゃんは
くせんしているみたい。

答《こた》えのページ

ウオーミングアップはできたかな?
さあ、なぞなぞ200連《れん》発《ぱつ》の
旅《たび》がはじまるぜ!!

えさがしクイズ
かいけつゾロリがせいぞろり!?

まちがいさがし 1

まちがいさがし 2

かいけつゾロリの
なぞなぞ
200連発《れんぱつ》

第《だい》1章《しょう》

初《しょ》級《きゅう》編《へん》

さあ、はりきって スタートだ
なに!? なぞなぞ 200連発《れんぱつ》だって!? まかせとけ!!

1発《ぱつ》目《め》!

からだの中《なか》で
いちばん
大《おお》きなたまは
どんなたま？

答《こた》えは20ページ

1のヒント

めだまじゃないよな。
からだの上《うえ》のほうにあるぜ。

43ページの答《こた》え　38…マンボウ　39…はくさい

2 発目《はつめ》!

カブを10こ もっている虫《むし》は なあに？

答《こた》えは21ページ

3 発目《ぱつめ》!

海《うみ》や山《やま》でする 子犬《こいぬ》のおならって なあに？

答《こた》えは21ページ

2 のヒント

10は「じゅう」のほかにどんな言《い》いかたが あるっけな。まだまだ、かんたんだぜ。

44ページの答《こた》え 40…さいせんばこ（サイ1000ばこ）

4 発目《ぱつめ》!

あさになると
ほえる花《はな》って
なあに？

答《こた》えは22ページ

4 のヒント

夏《なつ》にさく花《はな》だぜ。わかるかな〜。

5発目《はつめ》！

海《うみ》のそこに
5つのあなを
あけた魚《さかな》は
なあに？

答《こた》えは23ページ

6発目《ぱつめ》！

おまんじゅうの
中《なか》にかくれてる
子《こ》は
どんな子《こ》かな？

答《こた》えは23ページ

5のヒント

あなを５こだぜ。天《てん》ぷらにすると
うまいぜ。

19ページの答《こた》え　2…カブトムシ（カブ 10《とお》虫《むし》）　3…キャンプ（子犬《こいぬ》のなき声《ごえ》は「キャン」、おならは「プー」）

7 発《はつ》目《め》!

思《おも》いっきり
ふまれても、
ぜんぜん
いたくない
あそびは
なあに？

答《こた》えは24ページ

7のヒント

天《てん》気《き》のいい日《ひ》にでる、くろいものを
ふむあそびだよ。

8発《ぱつめ》目！

元気《げんき》なときでも
せきをしている
どうぶつなあに？

答《こた》えは25ページ

9発《はつめ》目！

びっくりばこの
中《なか》に
はいっている
食《た》べものなあに？

答《こた》えは25ページ

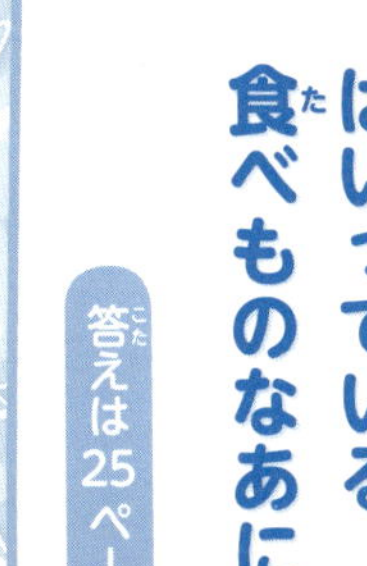

8のヒント

なき声《ごえ》がせきみたいだよ。

21ページの答《こた》え　5…アナゴ（あな5）　6…あんこ

10 発《ぱつ》目《め》!

手《て》に糸《いと》を からめて あそぶ鳥《とり》って どんな鳥《とり》？

答《こた》えは26ページ

10 のヒント

糸《いと》でいろんな形《かたち》をつくってあそぶだ。

11 発目《はつめ》!

あたまを岩《いわ》に
ぶつけたタイは
どんなタイ?

答《こた》えは27ページ

12 発目《はつめ》!

ころがるたびに
目《め》のかずが
かわるものは
なあに?

答《こた》えは27ページ

11 のヒント

おらもぶつかったら、思《おも》わず「○○○だ!」
って言《い》ってしまうだ。

23ページの答《こた》え 8…キツネ(コンコンとなくから) 9…くり

13発《ぱつ》目《め》!

クシはクシでも
大《おお》きくなると
足《あし》や手《て》が
はえてくる
クシは
なあに？

答《こた》えは28ページ

13のヒント

おとなになるとピョンピョンはねる
いきもののことかしら。

14発目《はつめ》!

下《した》に車《くるま》を
つけると
のりものになる
本《ほん》ってなあに？

答《こた》えは29ページ

15発目《はつめ》!

コップなのに
水《みず》はいれないで
土《つち》がはいるのは
なにコップ？

答《こた》えは29ページ

14のヒント

知《し》らないことは、この本《ほん》でしらべましょ。

25ページの答《こた》え　11…いたい　12…サイコロ

16発《ぱつ》目《め》!

線《せん》の上《うえ》に
缶《かん》があって、
その上《うえ》に
えんぴつの芯《しん》が
ついてる
のりものなあに？

答《こた》えは30ページ

16のヒント

せんろの上《うえ》を走《はし》るぜ。

17 発《はつ》目《め》!

酢《す》にイカをつけるとできるはきものってなあに？

答《こた》えは31ページ

18 発《ぱつ》目《め》!

おいしゃさんが注射《ちゅうしゃ》をするときにでてくるクリはどんなクリ？

答《こた》えは31ページ

18のヒント

はりをさされたときに感《かん》じるよな。

27ページの答《こた》え　14…じてん（下《した》に車《くるま》をつけるとじてんしゃ）　15…スコップ

19発《ぱつ》目《め》!

なまえに
てんてんを
つけると
おどりだす
家具《かぐ》は
なあに?

答《こた》えは32ページ

19のヒント

ようふくをいれるものだぜ。

20発目《はつめ》!

くつはくつでも岩《いわ》でできたくつはなあに？

答《こた》えは33ページ

21発目《はつめ》!

実《み》がなっているのになにもないという木《き》はなんの木《き》？

答《こた》えは33ページ

20のヒント

大昔《おおむかし》の人《ひと》はここにすんでいたってきいたことがあるぜ。

29ページの答《こた》え 17…スニーカー（酢《す》にイカ） 18…チクリ

22 発《はつ》目《め》!

ヒョウは
ヒョウでも
おすもうさんが
たたかうヒョウは
どんなヒョウ？

答《こた》えは34ページ

22 のヒント

まるくて、ここからでたら負《ま》けだぜ。
おれさまは負《ま》けないけどな。

30ページの答《こた》え　19…タンス（てんてんをつけるとダンスになる）

23 発《ぱつ》目《め》!

みんなの足《あし》に
ついている
2ひきのゾウって
なあに？

答《こた》えは35ページ

24 発《ぱつ》目《め》!

元気《げんき》に
へんじをして、
お昼《ひる》に
でてきたくつは
なあに？

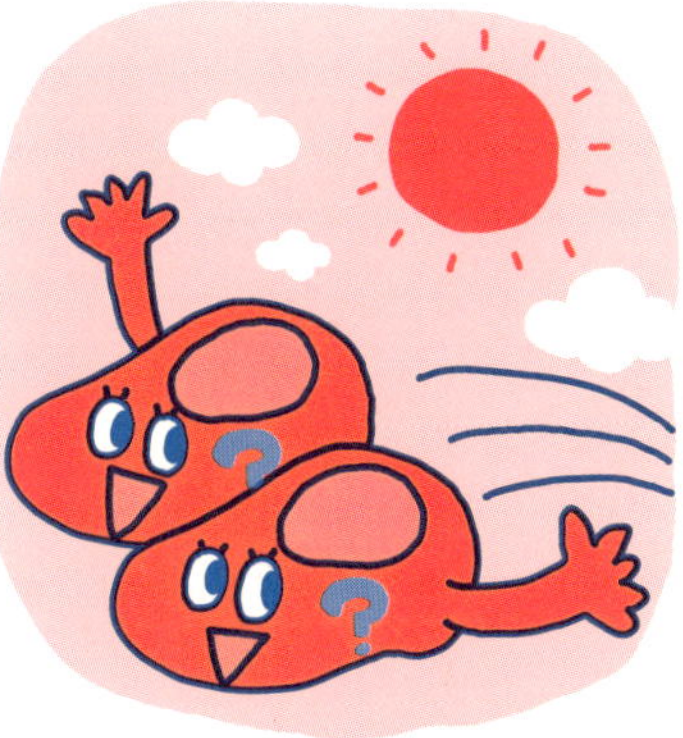

答《こた》えは35ページ

24 のヒント

女《おんな》の人《ひと》がよく、はいてるぜ。ニヒニヒ。

31ページの答《こた》え 20…どうくつ 21…なしの木《き》

25発目《はつめ》!

ケガをしたときに
くるくるまわる
白《しろ》いタイって
どんなタイ？

答《こた》えは36ページ

25のヒント

ミイラ男《おとこ》がいつもまいてるぜ。

26発目《ぱつめ》!

いつもくしゃみを
している
ような
鳥《とり》はなあに？

答《こた》えは37ページ

27発目《はつめ》!

ロバの中《なか》でも
人《ひと》をきれいに
するのは
どんなロバ？

答《こた》えは37ページ

27のヒント

あったかいお湯《ゆ》のあるところだよな。

33ページの答《こた》え　23…ひざこぞう　24…ハイヒール

28 発《ぱつ》目《め》!

つながれると
あたまを
めがけて
風《かぜ》をふきかけて
くるのは
なあに？

答《こた》えは38ページ

28のヒント

かみをあらったら、しっかりかわかすだよー。

34ページの答《こた》え 25…ほうたい

29 発目《はつめ》!

マントをつけて
火《ひ》を2こもってる
どうぶつなあに？

答《こた》えは39ページ

30 発目《ぱつめ》!

文字《もじ》は、文字《もじ》でも
ごはんを
すくうのは
なに文字《もじ》？

答《こた》えは39ページ

29 のヒント

サルのなかまだね。
おらたちはイノシシだよ。

35ページの答《こた》え 26…ハクチョウ（ハックチョン→はっくしょん） 27…ふろば

31 発《ぱつ》目《め》!

ふとっているのに
ほねが見《み》えて、
おなかを
あかるくしたり
するのは
なあに？

答《こた》えは40ページ

31のヒント

おまつりの夜《よる》には、これがないと
もりあがらないぜ！

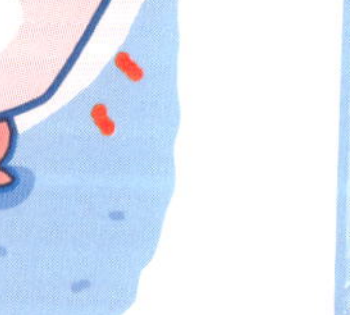

32 発《はつ》目《め》!

1こもっていても
2こもっていると
いうものなあに?

答《こた》えは41ページ

33 発《ぱつ》目《め》!

いつも
どんぶりに
はいっている
魚《さかな》はなあに?

答《こた》えは41ページ

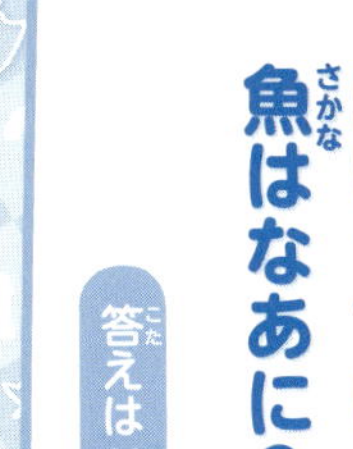

32 のヒント

たくはいびんの人《ひと》がもってきてくれるぜ。

37ページの答《こた》え 29…マントヒヒ（マント火《ひ》火《ひ》） 30…しゃもじ

34発《ぱつ》目《め》!

カイはカイでも、
お母《かあ》さんに
たのまれて
でかける
カイはなあに？

答《こた》えは42ページ

34のヒント

ちゃんと買《か》ってこられるかな〜。

35 発《はつ》目《め》!

上《うえ》をむいて
ポトリとおとす
クスリは
なあに？

ん〜？
ポトリ

答《こた》えは43ページ

36 発《ぱつ》目《め》!

あたまが火事《かじ》でも、
なみだをながして
ケーキの上《うえ》に
立《た》つのは
なあに？

おめでとう!!
ほんとうに
おめでとう!!

答《こた》えは43ページ

35 のヒント

メガネをはずさないとさせないぜ。

39ページの答《こた》え　32…にもつ（2もつ）　33…ブリ

37発《はつ》目《め》!

ネズミと蚊《か》が
いっしょに
食《た》べにいった
りょうりは
なにかな？

答《こた》えは44ページ

37のヒント

ネズミがどんなふうになくか、
かんがえてみるだ！

38 発目《はつめ》!

ぼうを1万本《まんぼん》もっているという魚《さかな》はなあに？

答《こた》えは18ページ

39 発目《はつめ》!

1ばん上《うえ》の葉《は》をとると、くさーくなるやさいはなあに？

答《こた》えは18ページ

39 のヒント

つけものにしたり、
なべにいれたりするとおいしいだ。

41ページの答《こた》え 35…めぐすり 36…ろうそく

40発《ぱつ》目《め》!

サイが1000頭《とう》もはいっているハコってなあに？

答《こた》えは19ページ

40のヒント

ここにお金《かね》をいれてから、おねがいしましょ！

42ページの答《こた》え 37…ちゅうかりょうり（ネズミのなき声《ごえ》は「チュー」なので、チュー蚊《か》りょうり）

初《しょ》級《きゅう》編《へん》なぞなぞミッション

ゾロリにおいつけ！
イシシ・ノシシVS.《バーサス》なぞなぞ対《たい》決《けつ》！

なぞなぞに
チャレンジして、
カッチョいい
ゾロリせんせ
みたいになるだ！
イシシもノシシも
がんばれよ！
おらたちが
がんばるだ！

初級編《しょきゅうへん》なぞなぞミッションの答《こた》えは56ページにあるよ。

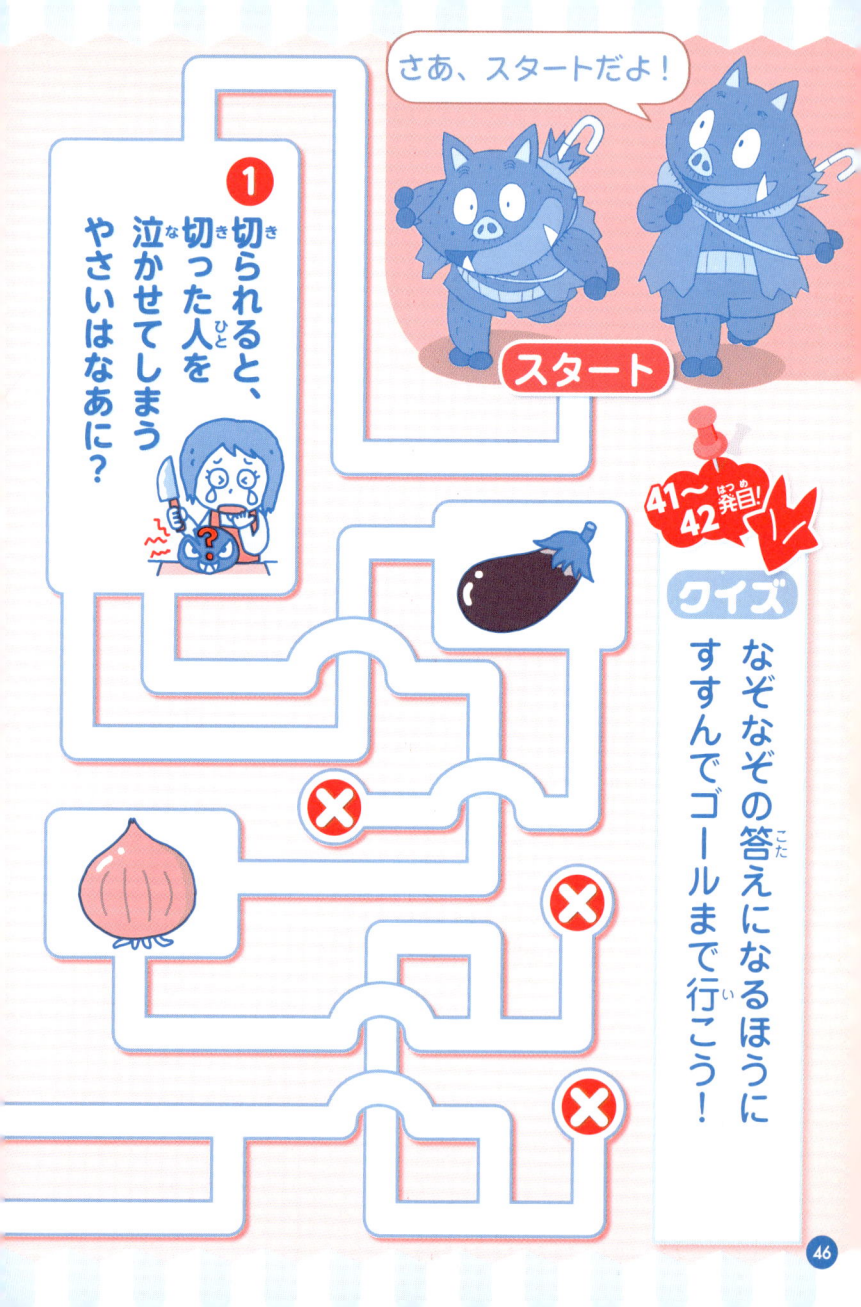

スタート

41〜42発目《はつめ》！

クイズ

なぞなぞの答《こた》えになるほうにすすんでゴールまで行《い》こう！

1

切《き》られると、切《き》った人《ひと》を泣《な》かせてしまうやさいはなあに？

やっただあ！
おらたちもやればできるだな。
うーん、ちょっと時間《じかん》はかかったけどな。

ゴール
2 あじさいの中《なか》にかくれているどうぶつなあに？

43～46発《ぱつ》目《め》!

クイズ

下《した》の1～4のなぞなぞの答《こた》えの絵《え》を左《ひだり》のページのあ～えから見《み》つけよう！

こんどはこれだな。
どんどん行《い》くだよ！

1

おらないととべないひこうきはなあに？

バキッ

2

トラが9頭《とう》のっている車《くるま》ってなあに？

3

ぼうは、ぼうでもみんなをひんやりさせるぼうはなあに？

4

さつは、さつでもどろぼうがきらうさつってなあに？

うーん…。
あ
い
む、むずかしいだ…。
だめかなあ、こりゃ。
う
え

絵文字《えもじ》なぞなぞ　47〜51発目《ぱつめ》!

1〜5の絵文字《えもじ》を読《よ》んでみよう!

1

29

ヒント　食《た》べものだぜ

2

ヒント　あまいものだぜ

ふーん、絵文字《えもじ》だかあ。

これなら、おらたちでもできそうだな〜。

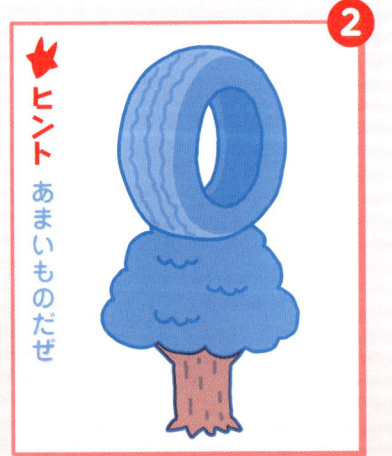

3

ヒント　朝《あさ》にとどくぜ

4

ヒント　のりものだぜ

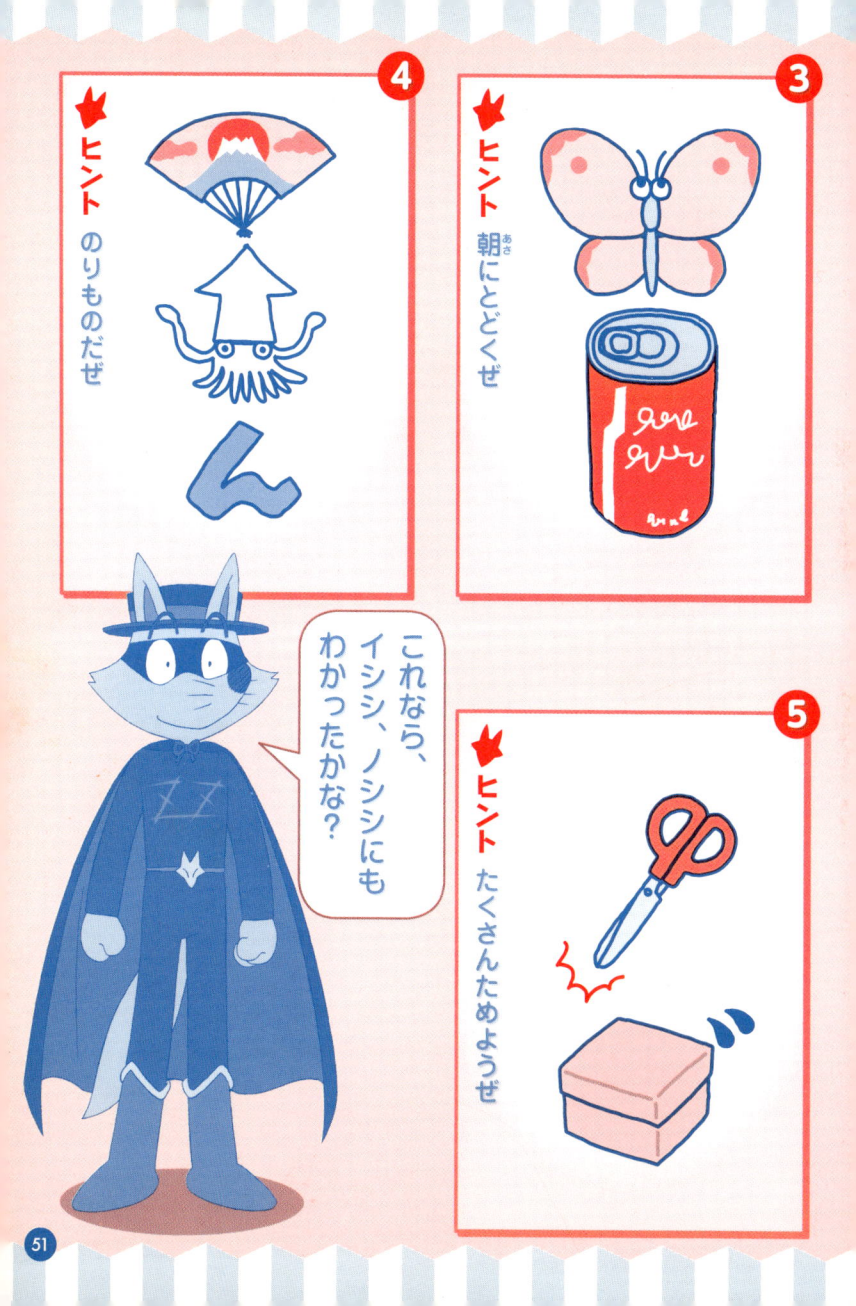

ん

5

ヒント　たくさんためようぜ

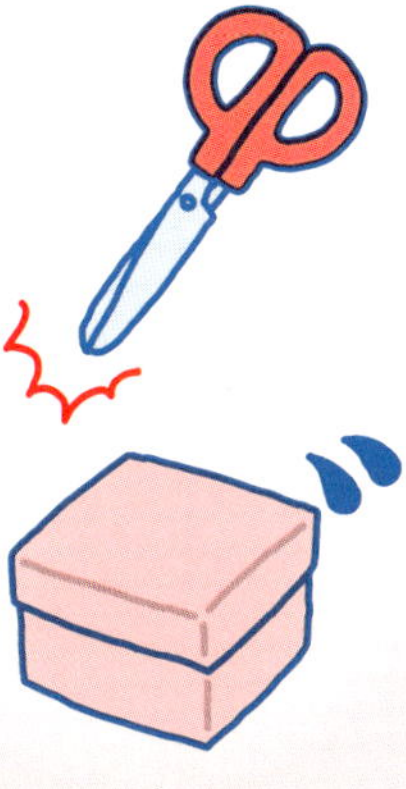

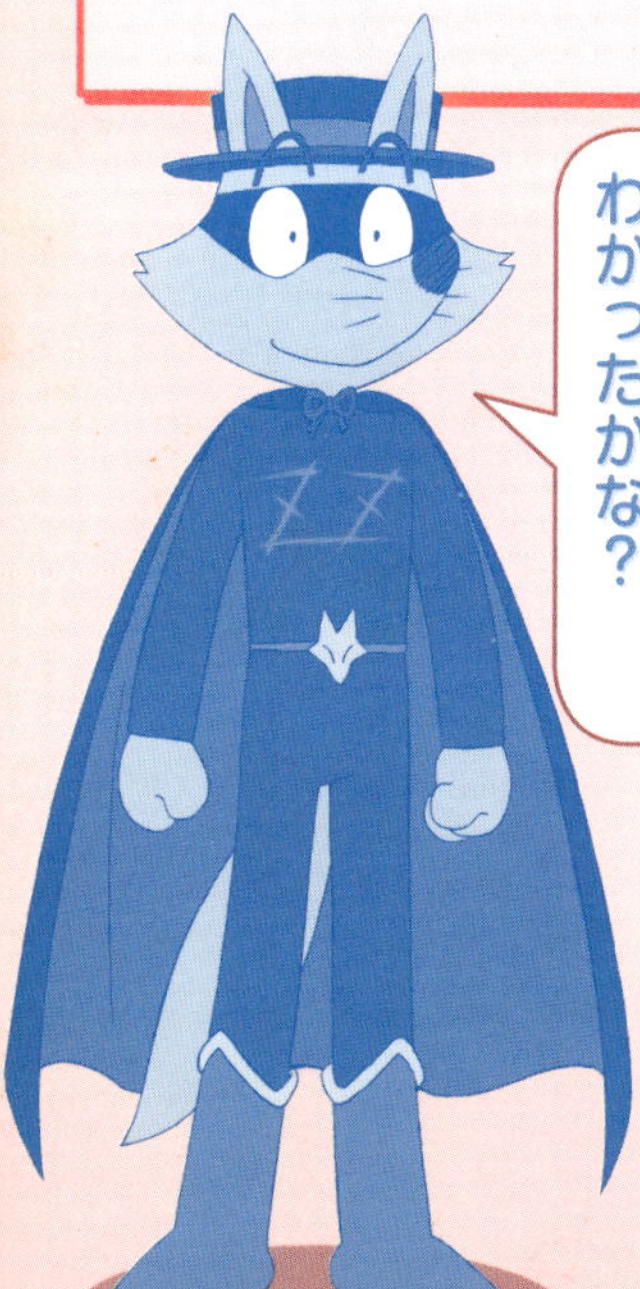
これなら、
イシシ、ノシシにも
わかったかな？

食《た》べものが
いっぱいあるだよー。
はりきっていくだ！
さあ、さっそくなぞなぞに
チャレンジするだ！

52〜53発目《ぱつめ》！

クイズ

1と2のなぞなぞの答《こた》えのものを左《ひだり》ページの絵《え》から見《み》つけよう。
1と2、どっちが多《おお》いかな？

1

蚊《か》が池《いけ》におちたらでてきた食《た》べものなあに？

2

ぼくは日本人《にほんじん》。では、やさいうりばで赤《あか》いかおをしているのはなに人《じん》？

なにじん？
ハーイ！

54～55発目《はつめ》!

クイズ

1と2のそれぞれ
スタートから
なぞなぞの文《ぶん》を読《よ》みながら
ゴールまで行《い》き、
それぞれの答《こた》えを
アイウの中《なか》からえらぼう

こ、これがさいごのチャレンジだか?
ゾロリせんせ! むずかしそうだよ〜。

1 スタート

ふ き と る イ ト
と ん す い レ カ
っ て い は に ゲ
な は て で て く
あ の ま せ や る
に る い て き と

ゴール

※あなが、ふさがっているところは、とおれないよ。

2 スタート

ま	ひ	る	い	て	さ
の	と	る	の	ね	わ
じ	を	す	に	で	い
ゃ	ま	か	や	く	だ
に	あ	な	の	も	つ

ゴール

ウ
イ
ア

やっただ！ゴールまでできただよ！
でも、おらは、ぜーんぜんできなかっただ。
ぜんぜんできなかったって!? おれさまとは実力《じつりょく》がちがいすぎるぜ！

初級編《しょきゅうへん》なぞなぞミッション 答《こた》え

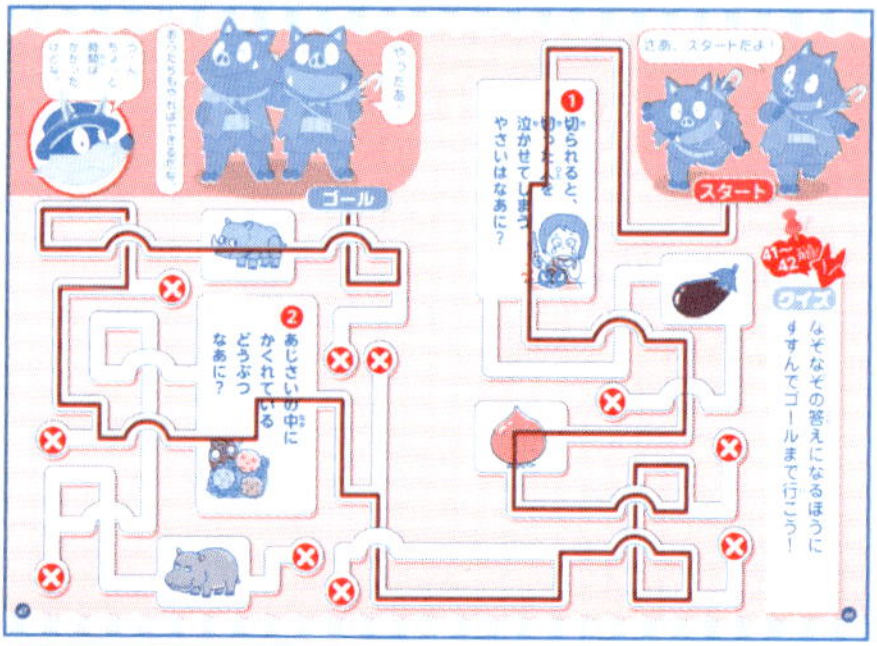

さあ、スタートだよ！
スタート
やったあ。
ゴール
①切られると、
やさいはなあに？
②あじさいの中にかくれているどうぶつなあに？
なぞなぞの答えになるほうにすすんでゴールまで行こう！

46・47ページの答《こた》え

①たまねぎ　②サイ

48・49ページの答《こた》え

①Ⓘ紙《かみ》ひこうき　②Ⓔトラック
③Ⓤれいぼう　④Ⓐけいさつ

50・51ページの答《こた》え

①やきにく　②たいやき　③朝刊《ちょうかん》
④せんすいかん　⑤ちょきんばこ

52・53ページの答《こた》え

①かぼちゃ　②にんじん
かぼちゃは7こ、にんじんは
9こなのでにんじんが多《おお》い。

54・55ページの答《こた》え

①トイレにはいるときふとっていて
でてくるときやせているのはなあに？
ウ（トイレットペーパー）

②さわいでねているひとのじゃまを
するのにやくだつものなあに？
イ（めざましどけい）

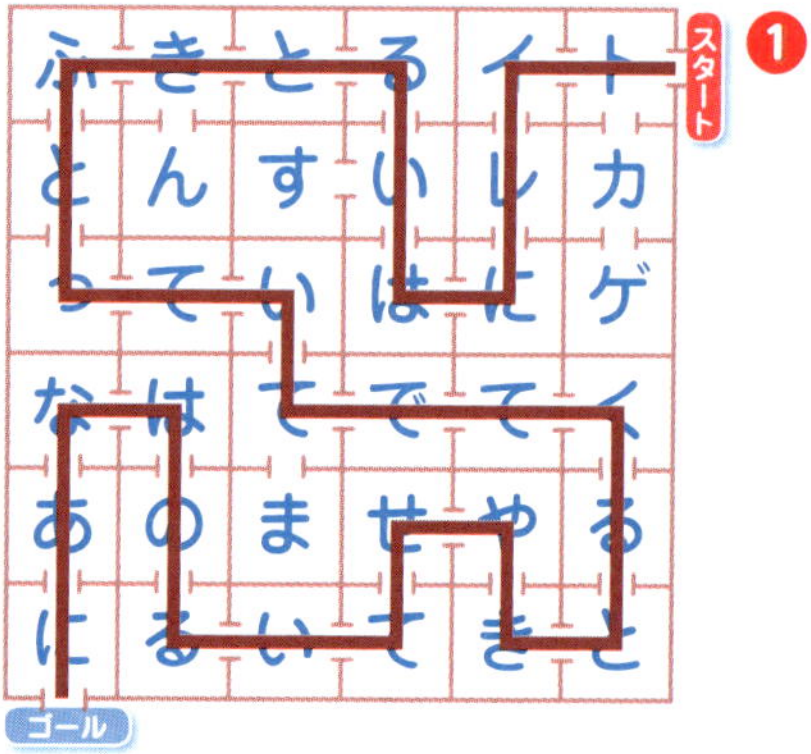

スタート
①
ふきとるイト
とんすいしカ
つていはにゲ
なはてでてイ
あのませやる
にるいてきと
ゴール

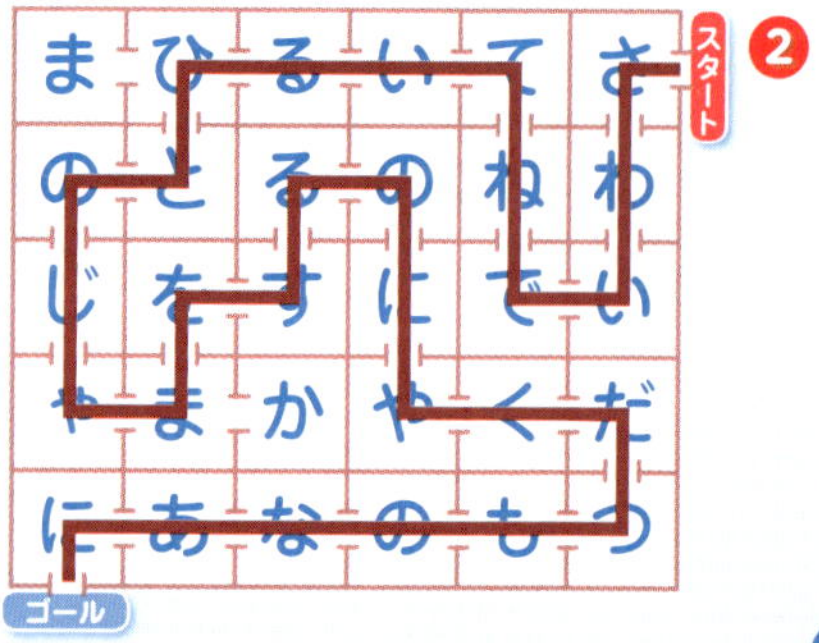

スタート
②
まひるいてさ
のとるのねわ
じをすにでい
やまかやくだ
にあなのもつ
ゴール

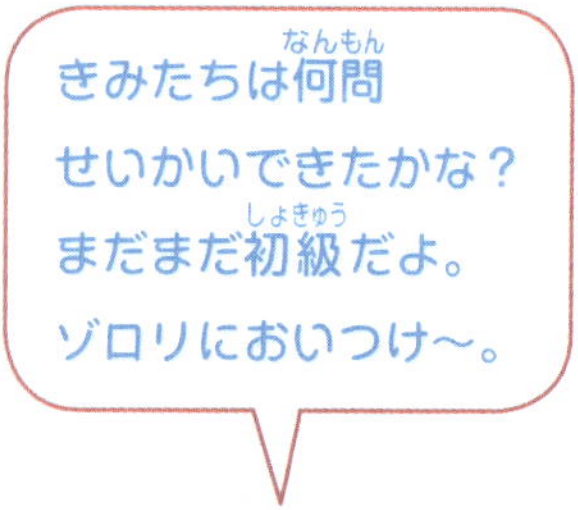

きみたちは何問《なんもん》
せいかいできたかな？
まだまだ初級《しょきゅう》だよ。
ゾロリにおいつけ～。

ブルルとコブルのいじわるなぞなぞ

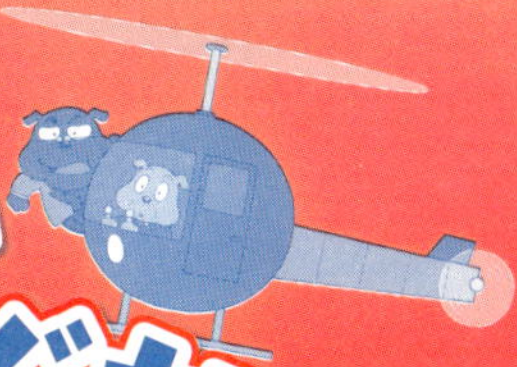

パート1

わしらがだすなぞなぞは、かんたんにはとけないぞ。グフフ。
チョコレートとはちがいましゅね。さすが社長《しゃちょう》！

56発《ぱつ》目《め》!

日本一《にほんいち》足《あし》の
はやい人《ひと》が
いっしょう
けんめい
走《はし》ったのに、
2位《い》になって
しまったよ。
なぜかな？

答《こた》えは60ページ

56のいじわるヒント

いちばんはやい人《ひと》が
1位《い》にきまってましゅよ。

60ページの答《こた》え　59…つかれる　60…カエルじゃなくてキジのたまごだよ

57 発目《はつめ》!

やねに
大《おお》きなあなが
あいているのに
雨《あま》もりしないよ。
なぜかな？

答《こた》えは60ページ

58 発目《ぱつめ》!

買《か》ったばかりの
ふくなのに
アカだらけ
だったよ。
なぜかな？

答《こた》えは60ページ

57のいじわるヒント

家《いえ》のやねにあながあいたら、城《しろ》に住《す》めば
いいじゃないか。グフフ。

59発目《はつめ》!

地面《じめん》をどんどん
ほっていった人《ひと》は
このあと
どうなるかな。

答《こた》えは58ページ

60発目《ぱつめ》!

キジがやぶの中《なか》に
たまごを2こ
うんだよ。
このたまごは
かえるかな。

答《こた》えは58ページ

60のいじわるヒント

たまごがかえったら商品化《しょうひんか》して
またひともうけしてやるぞ。

58ページの答《こた》え　56…世界一足《せかいいちあし》のはやい人《ひと》と走《はし》ったから
59ページの答《こた》え　57…雨《あめ》がふってないから　58…色が赤《あか》いふくだから

かいけつゾロリのなぞなぞ200連発《れんぱつ》

第《だい》2章《しょう》

中《ちゅう》級《きゅう》編《へん》

みんな、ちょうしはどうだい？ブワーっと行《い》こうぜ！

61 発目《ぱつめ》!

火《ひ》と水《みず》が
いっしょに
はいっている
カンって
なあに？

答《こた》えは64ページ

61 のヒント

木《き》や金《きん》や土《つち》もはいっているんだぜ。
わかるかな？

87ページの答《こた》え　98…めんたいこ　99…わんさか（ワン坂《さか》）

62発目《はつめ》!

かたないけれど
負《ま》けることも
ない子《こ》は
どんな子《こ》かな？

答《こた》えは65ページ

63発目《ぱつめ》!

オウムが
おかしを
食《た》べたのは
いつごろかな？

答《こた》えは65ページ

62のヒント

グー・チョキ・パーにかんけいあるだよ！

88ページの答《こた》え　100…イカ（いかだ・いかり）

64 発目《ぱつめ》!

いっしょう
けんめい
走《はし》ったり
はねたりすると
切《き》れるものは
なあに？

答《こた》えは66ページ

64 のヒント

おら、ハアハア、ゼイゼイ言《い》っちゃうだ。

65 発目《はつめ》!

もちはもちでも
しわがついてる
もちってなあに？

答《こた》えは67ページ

66 発目《ぱつめ》!

ムササビが
もっている
植物《しょくぶつ》は
なあに？

答《こた》えは67ページ

65のヒント

こどもの日《ひ》に食《た》べるぜ！

63ページの答《こた》え 62…（じゃんけんの）あいこ 63…大昔《おおむかし》（オウムかし）

67 発《はつ》目《め》!

1日《にち》たつと
古《ふる》くなって、
上《うえ》から読《よ》んでも
下《した》から読《よ》んでも
おなじものなあに？

答《こた》えは68ページ

67のヒント

きみのうちにも
毎《まい》日《にち》はいたつされてるかな？

68発《はつ》目《め》!

ママはお母《かあ》さん。
ではママママは
なあに？

答《こた》えは69ページ

69発《はつ》目《め》!

山《やま》のいちばん上《うえ》に
あるペンって
どんなペン？

答《こた》えは69ページ

68のヒント

おれさまみたいにスリムな魚《さかな》だぜ。

70 発《ぱつ》目《め》!

おにいさんに
なくて、
おとうとに2つ
いもうとに1つ
あるものなあに？

答《こた》えは70ページ

70のヒント

それぞれの文字《もじ》をよーく見《み》てくれよな。

71発《ぱつ》目《め》!

シカが食《た》べるせんべいの形《かたち》は?

答《こた》えは71ページ

72発《はつ》目《め》!

ソファの下《した》にあるものはなあに?

答《こた》えは71ページ

72のヒント

音《おん》楽《がく》にかんけいあるのよね。

67ページの答《こた》え 68…サンマ（3マ） 69…てっぺん

73発目《ぱつめ》!

うそをつくと
きらわれるけど、
つくとのびて
よろこばれる
ものなあに？

答《こた》えは72ページ

73のヒント

おらの大《だい》すきな、
お正月《しょうがつ》によく食《た》べるものだ！

74発目《はつめ》!

タイがためいきをつくとどんな天気《てんき》になるかな？

答《こた》えは73ページ

75発目《はつめ》!

アルミ缶《かん》の下《した》にあるくだものってなあに？

答《こた》えは73ページ

75のヒント

かわをむいて食《た》べる
おいしいくだものだぜっ。

69ページの答《こた》え　71…しかく（シカ食《く》う）　72…ミ（ドシラソファミレド）

76発《ぱつ》目《め》!

びょうきじゃ
ないのに
お父《とう》さんが
行《い》くのは
どんないしゃ？

答《こた》えは74ページ

76のヒント

いろんなおしごとをするばしょだよ。

77発《はつ》目《め》!

絵《え》を
ほしがっている
ようがしは
なあに？

答《こた》えは75ページ

78発《ぱつ》目《め》!

しんぶんに
いっぱい
のってる鳥《とり》は
なあに？

答《こた》えは75ページ

78のヒント

しんぶんにのってる文章《ぶんしょう》を
なんというかな。

71ページの答《こた》え　74…たいふう　75…ミカン（あるミカン）

79 発《はつ》目《め》!

カエルや アヒルが もっている かきって どんなかき?

答《こた》えは76ページ

79のヒント

スイスイすすむためについてるんだぜ。

80発目《ぱつめ》!

ワシはワシでも
ゴシゴシと
そうじをするのは
どんなワシ？

答《こた》えは77ページ

81発目《ぱつめ》!

ママが0度《ど》に
ひやして
食《た》べるものは
なあに？

答《こた》えは77ページ

81のヒント

パンにつけたりして
食《た》べるとおいしいのよねっ。

73ページの答《こた》え　77…エクレア（絵《え》くれ）　78…きじ

82 発《はつ》目《め》!

しょうぶをすると
いつも
負《ま》けなかったという
文《ぶん》ぼうぐは
なあに？

答《こた》えは78ページ

82 のヒント

よく切《き》れるから、つかうときは
ちゅういするんだぞ。

83発《ぱつ》目《め》!

はさみなのに
切《き》れたら
こまるのは
どんな
はさみかな?

答《こた》えは79ページ

84発《ぱつ》目《め》!

サッカーボールを
いれるものなのに
あなだらけの
ものは
なあに?

答《こた》えは79ページ

84のヒント

ボールをいれたら点数《てんすう》がはいるぜ。

75ページの答《こた》え　80…たわし　81…ママレード（ママ0度《ど》）

85 発目《はつめ》!

よくしゃべる
10さいの子《こ》どもが
9人《にん》あつまると
全部《ぜんぶ》で
なんさいかな？

答《こた》えは80ページ

85のヒント

みんなでぺちゃくちゃしゃべると…。
おらもよくゾロリせんせに言《い》われるだ。

86 発目《ぱつめ》!

カメをあたまにのせていろんな色《いろ》にかわるいきものはなあに？

答《こた》えは81ページ

87 発目《はつめ》!

学校《がっこう》にもっていくのをわすれたらしかられるだいってなあに？

答《こた》えは81ページ

87 のヒント

家《いえ》でしっかりやってこいよな！

77ページの答《こた》え 83…せんたくばさみ 84…サッカーゴール

88発《ぱつ》目《め》!

まるいものを
つかったあそびで、
「ながい！」と
言《い》って
おどろいて
しまうのは
なあに？

答《こた》えは82ページ

88のヒント

ながいぼうに、うまくいれられるだか～。

89 発《はつ》目《め》!

まって〜
わたしの
たぬき〜

あなたの
たぬきは
どこに
はいったかな?

答《こた》えは83ページ

90 発《ぱつ》目《め》!

あたまを
たたかれると
もぐって、
やくにたつもの
なあに?

ゴツッ
ッ

答《こた》えは83ページ

89 のヒント

「た　ぬき」だから…。

79ページの答《こた》え　86…カメレオン　87…しゅくだい

91 発《ぱつ》目《め》!

目《め》で見《み》ないで
手《て》でみるのは
ゆかげん。
では、手《て》くびで
みるのはなあに？

答《こた》えは84ページ

91 のヒント

手《て》くびにゆびをあてると、ドックンドックンするぞ。それをなんて言《い》うかな？

92 発《はつ》目《め》!

クシはクシでも
春《はる》になると
土《つち》からかおをだす
クシは
なあに？

答《こた》えは85ページ

93 発《ぱつ》目《め》!

つりはつりでも
おおぜいで
さわぐつりは
なあに？

答《こた》えは85ページ

93 のヒント

ワッショイ！ ワッショイ！って
もりあがるのよね。

81ページの答《こた》え 89…あな（あなたから「た」をぬく） 90…くぎ

94 発《ぱつ》目《め》!

おちたと
思《おも》ったら
のぼり、
のぼったと
思《おも》ったら
おちてくる
ハコってなあに？

答《こた》えは86ページ

94 のヒント

ビルやマンションの中《なか》にあるぜ。

95 発目《はつめ》!

ピカピカひかる
金《きん》を見《み》て
おどろいた魚《さかな》は
なあに？

答《こた》えは87ページ

96 発目《ぱつめ》!

いなかには
ないカイは
どんなカイ？

答《こた》えは87ページ

96 のヒント

ビルがいっぱいならんでいて、
人《ひと》がたくさんいるぞ。

83ページの答《こた》え 92…つくし 93…おまつり

97 発《はつ》目《め》！

車《くるま》がうごいたら
いつでも
きかなくては
いけないのは
なあに？

答《こた》えは88ページ

97のヒント

これ、きかないとあぶないぜ。

84ページの答《こた》え 94…エレベーター

98発目《はつめ》!

たいこは
たいこでも
ひりひりからい
たいこは
なあに？

答《こた》えは62ページ

99発目《はつめ》!

さかみちに
犬《いぬ》は
どれぐらい
いるかな？

答《こた》えは62ページ

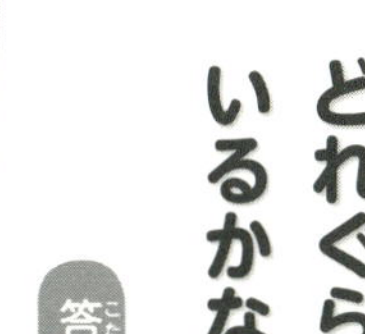

99のヒント

犬《いぬ》のなき声《ごえ》を思《おも》いだしてみるだ。

85ページの答《こた》え　95…きんぎょ　96…とかい

100発《ぱつ》目《め》!

なまえのおしりに
「だ」をつけると
うかび、
「り」をつけると
しずむ、
海《うみ》のいきもの
なあに?

答《こた》えは63ページ

100のヒント

足《あし》がたくさんあるいきものだぜ!

中《ちゅう》級《きゅう》編《へん》なぞなぞミッション

ブルルのチョコレート城《じょう》を手《て》にいれろ！

よーし、なぞなぞの大《だい》とくいなおれさまならららくしょうだぜ !!
われわれの用意《ようい》する、むずかし〜いなぞなぞに答《こた》えられたら、
チョコレート城《じょう》をプレゼント！
ブルル食品《しょくひん》
ブルル
おらたちもチャレンジするだよ！

中級編《ちゅうきゅうへん》なぞなぞミッションの答《こた》えは100ページにあるよ。

よーし！どんどん行《い》くだ！
お！なぞなぞがあらわれたぞ。

101〜102発目《はつめ》！

クイズ

1と2のなぞなぞの答《こた》えの文字《もじ》をけして左《ひだり》の文《ぶん》を読《よ》もう。なんとかいてあるかな？

1

さらのまん中《なか》に「く」とかいたらでてきた花《はな》はなあに？

く

2

かめが わにたって食《た》べていたものなあに？

ムシャ
ムシャ
モグ
モグ

チョコレート城《じょう》がほしい　みなさん

なさぞくなぞらをぜ
んぶわとけかたものめ
だけさしゃくちょらう
わしつかにきて
めもいさいくぞ

ブルル食品《しょくひん》

つまり
なぞなぞを
といていけば、
社長室《しゃちょうしつ》に
たどりつくって
ことだな!
なるほどだ!

103〜105発《はつ》目《め》!

クイズ

とちゅうのなぞなぞをときながらスタートからゴールまで行《い》こう!

スタート
ア
みんなが食《た》べてる
チョコレートは
ふつうなんまい?

ウ
食《た》べると
あんしんする
ケーキは
なあに？
ブルルチョコ
イ
おてらを
かしてもらえる
ときにだされる
おかしはなあに？
ブルルチョコ
こっち
だぜ！
ゴール

106〜109発《はつ》目《め》!

クイズ

なぞなぞの答《こた》えの絵《え》をさがして線《せん》でむすぼう。

1

かおのまわりが耳《みみ》だらけの食《た》べものなあに？

2

蚊《か》がおじぎをしてから食《た》べたごはんはなあに？

あ

い

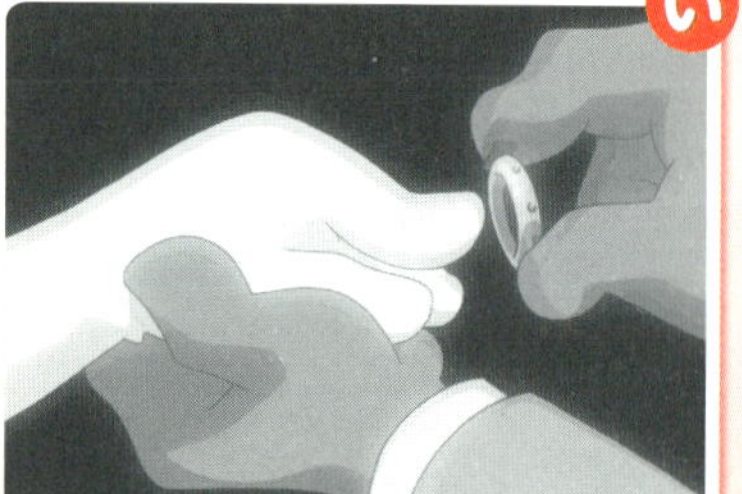

3

びわが
くっついていて、
ゆびとなかよし
これ、なにかな？

4

あなだらけで、
そこまでぬけてる
いれものをつかう
スポーツなあに？

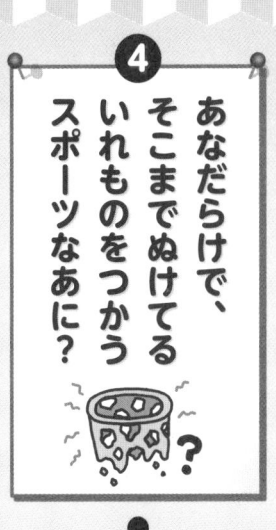

おーい、かべにも
なぞなぞがあるぞ。

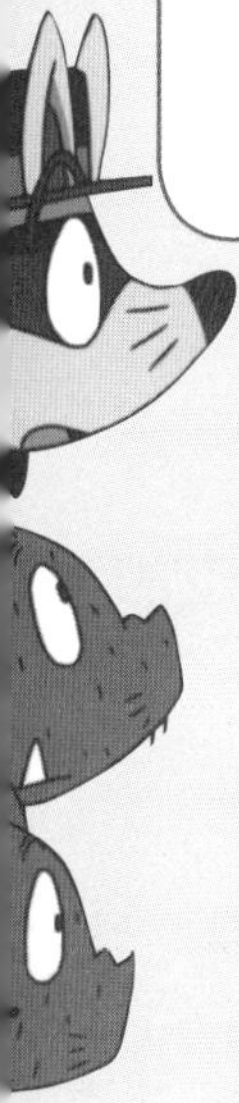

う

え

クイズ 110〜114発《ぱつ》目《め》!

1〜5のなぞなぞの答《こた》えを左《ひだり》ページのマスのよこにいれよう。
⬇のところをたてに読《よ》むと、どう読《よ》めるかな？

1

台所《だいどころ》で
走《はし》りまわると
きらわれるブリって
どんなブリ？

2

おしりがひかってとぶ
タルってどんなタル？

3

車《くるま》をうごかすのは
なにじんかな？

4

ぶつかっても
いないのに
コブがある
どうぶつ
なあに？

5

あかるく
ひかる
糸《いと》って
なあに？

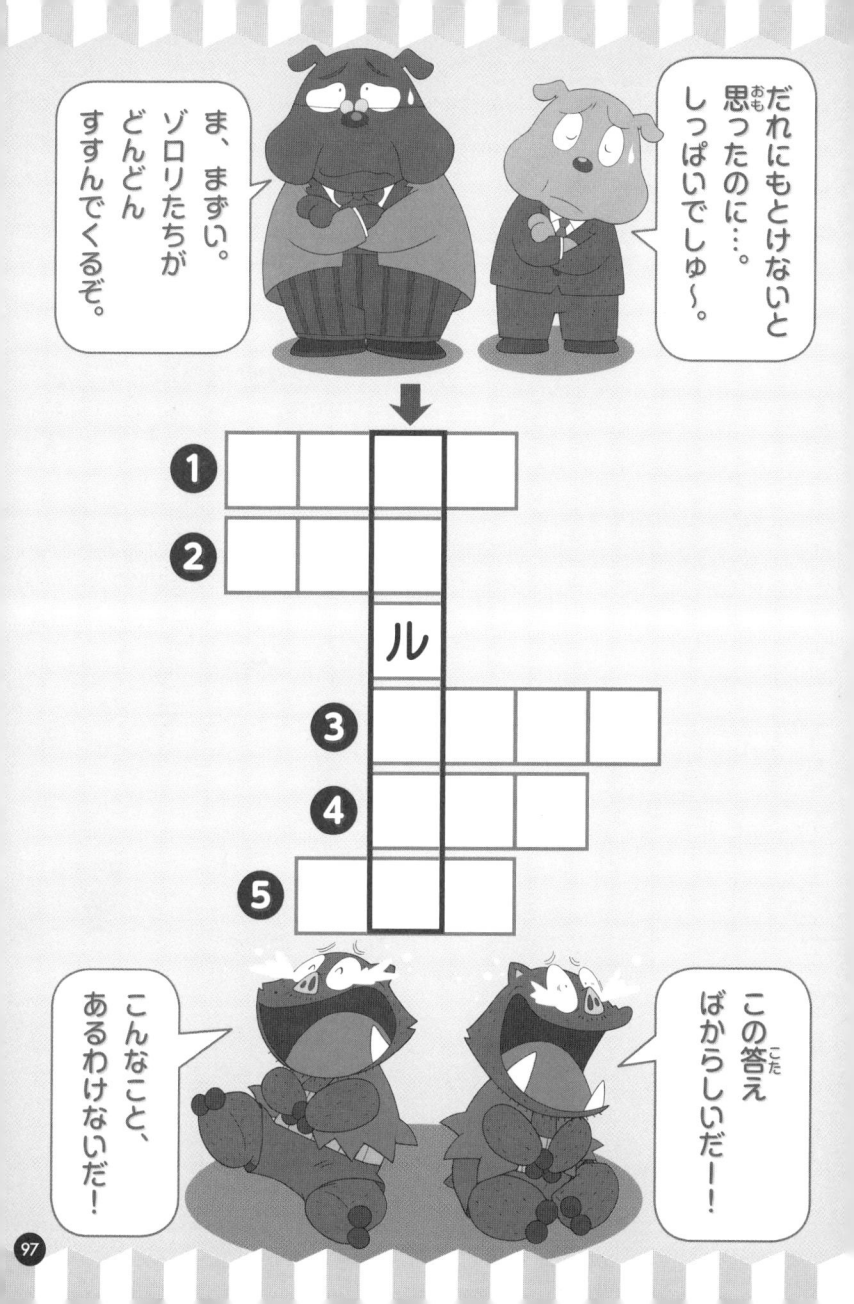

だれにもとけないと思《おも》ったのに…。しっぱいでしゅ〜。
ま、まずい。ゾロリたちがどんどんすすんでくるぞ。

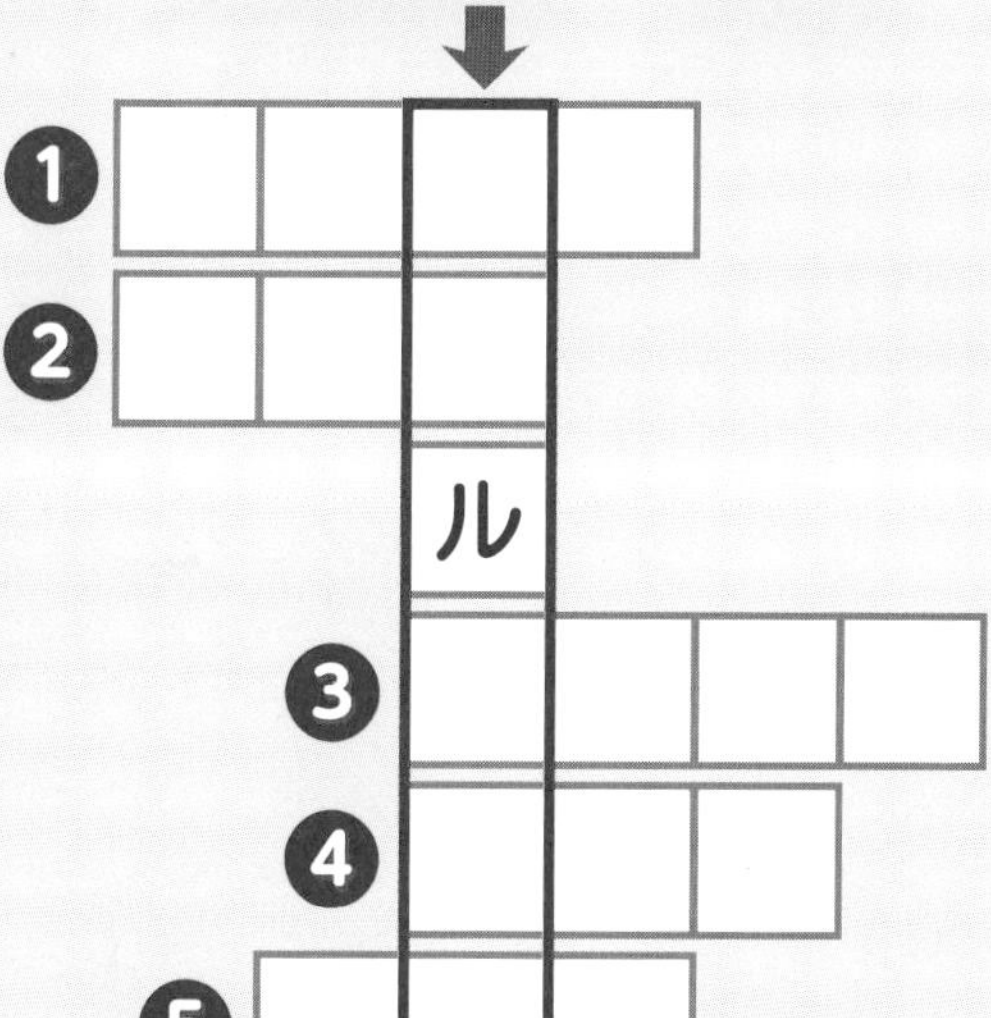
1
2
ル
3
4
5

この答《こた》えばからしいだー！
こんなこと、あるわけないだ！

いよいよ社長室《しゃちょうしつ》にたどりついたぜ！
どうするでしゅかー。
ま、まずい…。

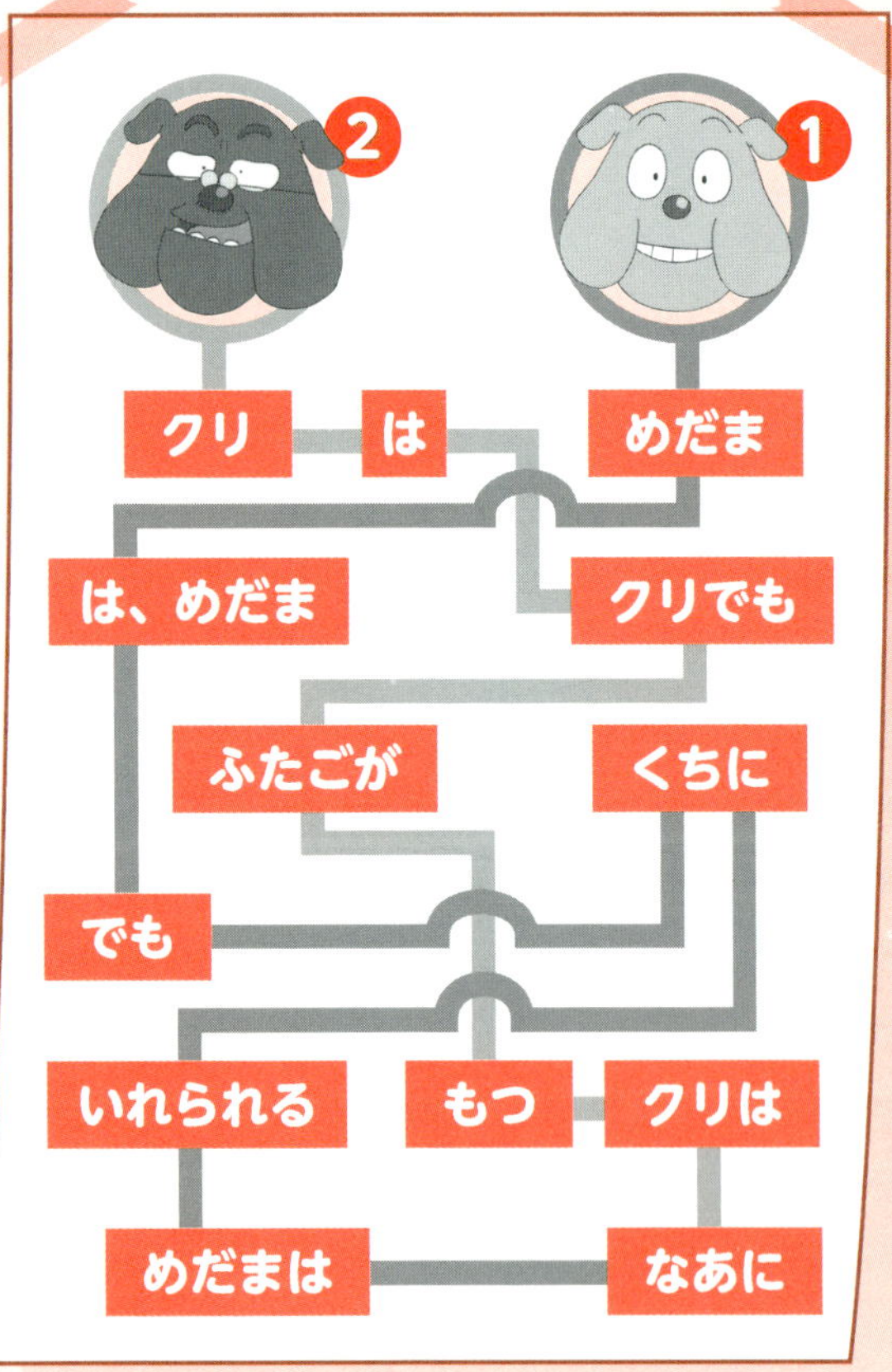
2
1
クリ
は
めだま
は、めだま
クリでも
ふたごが
くちに
でも
いれられる
もつ
クリは
めだまは
なあに

115〜116発目《ぱつめ》!

クイズ

なぞなぞの答《こた》えがあまいものになるのはどっちかな？線《せん》をたどって読《よ》んでいこう！

と、とけてしまったんだな…。
こ、こうなったら、にげるしかない！
ブルル公爵
われわれの用意《ようい》する、
ごめんなさ〜い、ウソでーしゅ！
さらばだー！
がーん！チョコレート城《じょう》が手《て》にはいったと思《おも》ったのに、そりゃないぜ！
わーん！
ひきょうだー！

中級編《ちゅうきゅうへん》なぞなぞミッション 答《こた》え

チョコレート城がほしい みなさん
ブルル食品

90ページの答《こた》え

①さくら　②わかめ

91ページの答《こた》え

なぞなぞをぜんぶとけたものだけしゃちょうしつにきてもいいぞ

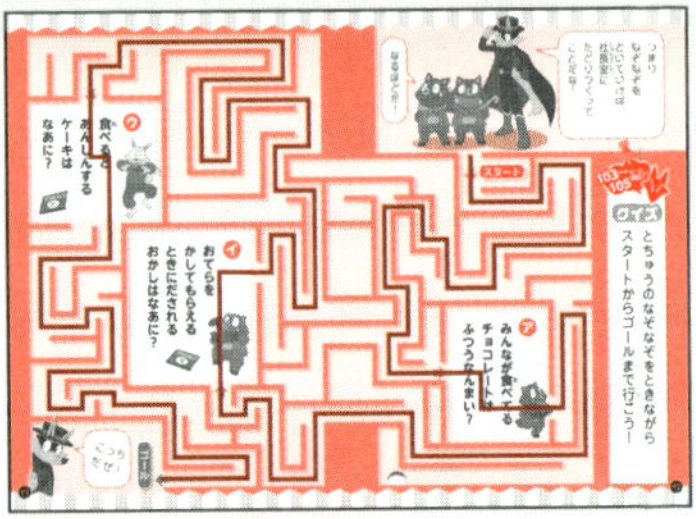

クイズ
とちゅうのなぞをときながらスタートからゴールまで行こう！
スタート
ゴール

92・93ページの答《こた》え

㋐あまい　㋑カステラ
㋒ホットケーキ

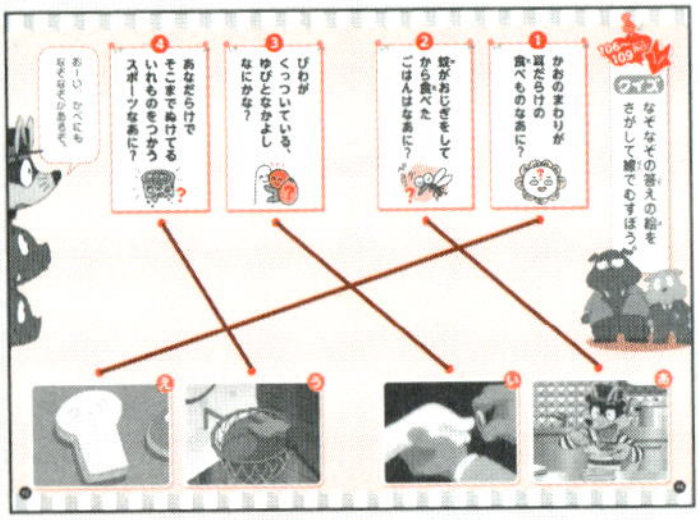

クイズ
なぞなぞの答えの絵をさがして線でむすぼう♪

94・95ページの答《こた》え

①―㋓食《しょく》パン　②―㋐カレーライス
③―㋑ゆびわ　④―㋒バスケットボール

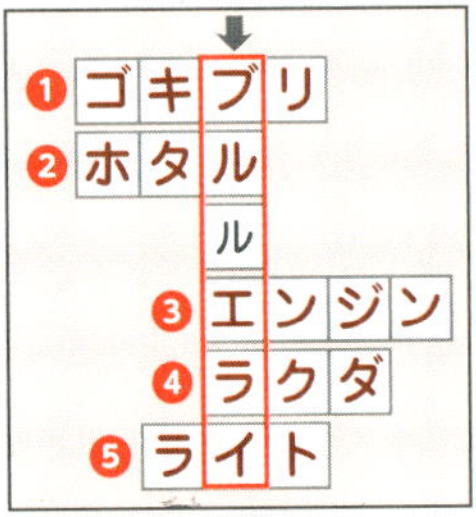

①ゴキブリ
②ホタル
ル
③エンジン
④ラクダ
⑤ライト

96ページの答《こた》え

①ゴキブリ　②ホタル　③エンジン
④ラクダ　⑤ライト

97ページの答《こた》え

ブルルエライ

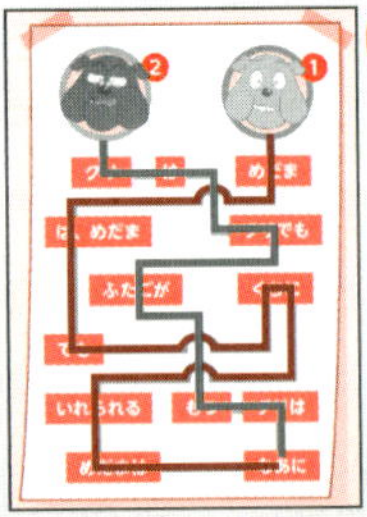

98ページの答《こた》え

①あめだま○
②そっくり×
（あまいものにたどりつくのは①）

少《すこ》しむずかしかったかもしれないわね。何問《なんもん》せいかいできたかな？

ブルルとコブルのいじわるなぞなぞ

パート②

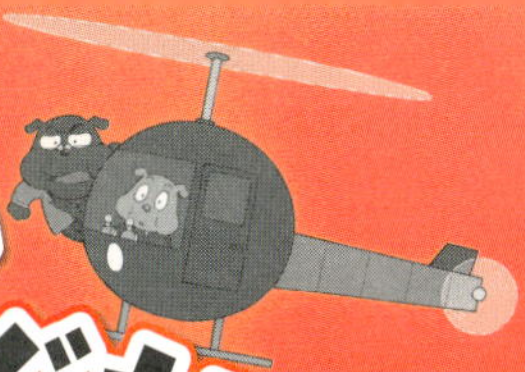

もっともっといじわるななぞなぞをだしてやるぞ！
でしゅーっ。

117発目《はつめ》!

歯《は》みがきは
あさとばんに
するけれど、
食後《しょくご》にする人《ひと》も
いるよ。
いったいなんで
歯《は》をみがくん
だろうね？

答《こた》えは104ページ

117のいじわるヒント

まさか「虫歯《むしば》にならないため」なんて言《い》わないでくだしゃいね～。

104ページの答え　120…ビルの1かいのまどからとびおりた

118発目《はつめ》!

ゴジラがでたのは
午後《ごご》5時《じ》だった。
では、このゴジラは、
9時《じ》になると
なにになるのかな？

答《こた》えは104ページ

119発目《はつめ》!

右《みぎ》ききなのに
あるものを
切《き》るときだけ
左《ひだり》手《て》をつかうよ。
それはなにかな？

答《こた》えは104ページ

119のいじわるヒント

これは右手《みぎて》では
ぜったいできないのじゃよ。グフフフ。

120発目《はつめ》!

20かいだての
高《たか》いビルから
人《ひと》が
とびおりたけど、
ケガもせず
へいきだったよ。
なぜかな?

答《こた》えは102ページ

120のいじわるヒント

ふつうにとびおりれば大《おお》ケガじゃな。
ヘリコプターをつかったのか?

102ページの答《こた》え　117…歯《は》ブラシでみがく
103ページの答《こた》え　118…ゴジラのまま(くじらじゃないよ)　119…右手《みぎて》のつめ

かいけつゾロリの
なぞなぞ
200連発《れんぱつ》

第《だい》3章《しょう》

上《じょう》級《きゅう》編《へん》

いよいよゴールが見《み》えてきたぜ！
さあ、ラストスパートだ！

121発《ぱつ》目《め》!

ボールは
ふつう
まるいけど、
しかくいボールも
あるよ。
どんなボールかな?

答《こた》えは108ページ

121 のヒント

ひっこしするときによくつかうものだぜ。

131ページの答《こた》え　158…リボン　159…エイ（エイがかんとく）

122発目《はつめ》!

楽器《がっき》の中《なか》で
あたまがいいと
言《い》われるのは
なあに？

そんなこと
ないですよ～♪

答《こた》えは109ページ

123発目《ぱつめ》!

白《しろ》や青《あお》は
つめたい色《いろ》。
では
あたたかいのは
どんな色《いろ》？

あたたかい…

答《こた》えは109ページ

123のヒント

さむいときは
ホカホカしてうれしいのよね。

132ページの答《こた》え 160…ゆき

124発《ぱつ》目《め》!

ほそい体《からだ》に
くろいホネ。
さかだちすれば
はたらいて、
よこになったら
ひとやすみ。
これなあに？

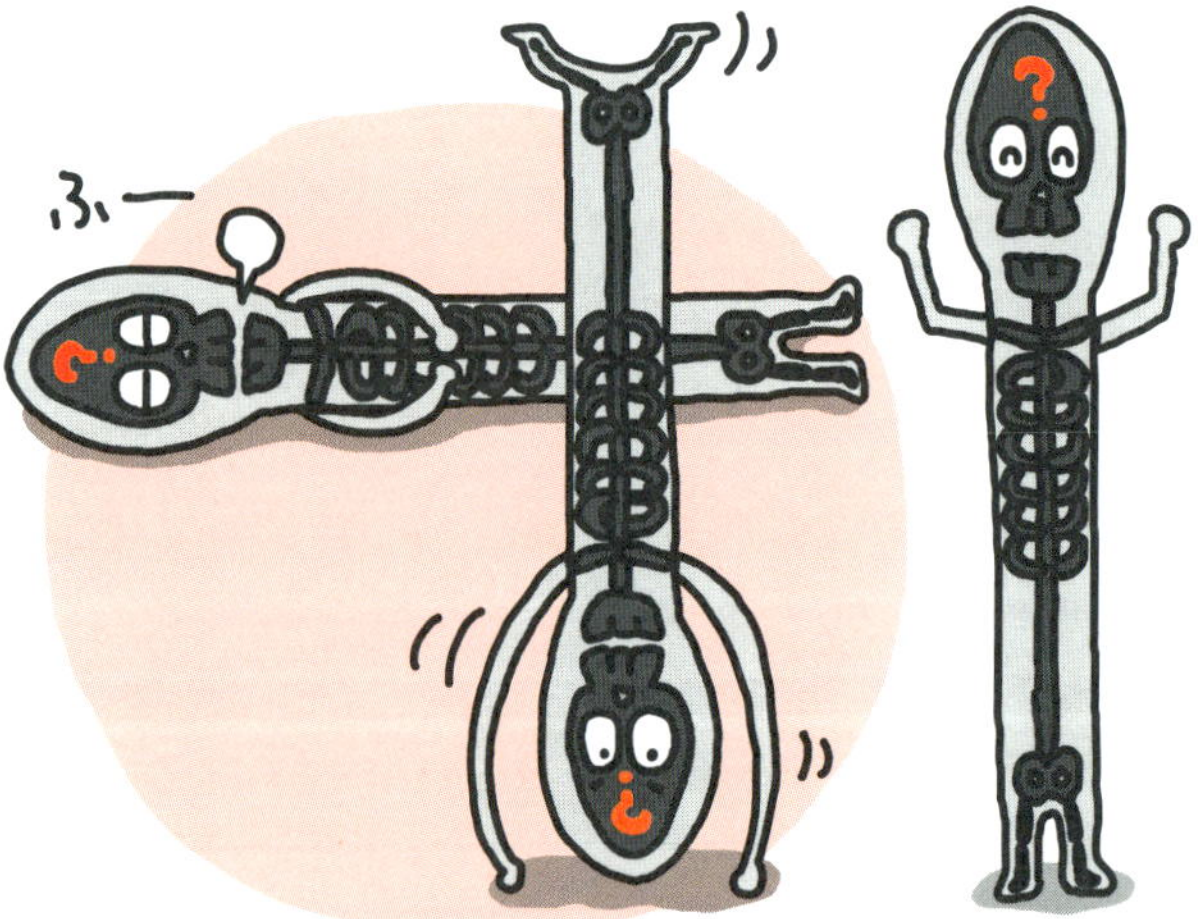

答《こた》えは110ページ

124のヒント

べんきょうするときにつかうぜ。

125発目《はつめ》!

アイディアが
いっぱい
つまっている
パンって
なあに？

答《こた》えは111ページ

126発目《ぱつめ》!

うしろに
むかって
とぶ鳥《とり》は
なに鳥《どり》かな？

答《こた》えは111ページ

125のヒント

アイディアを別《べつ》の言《い》いかたで言《い》うと
わかるかな？

107ページの答《こた》え　122…リコーダー（りこうだ）　123…カイロ

127発目《はつめ》!

ひくと
あたることも
あるけど、
あたっても
いたくなくて
うれしいもの
なあに？

答《こた》えは112ページ

127のヒント

どうせなら一等《いっとう》がいいよな〜。ニヒニヒ。

128発目《ぱつめ》!

口《くち》からでるのは
せき。
では、
でてこないのは
どんなせき？

答《こた》えは113ページ

129発目《はつめ》!

どうぶつずかんで
なくても
4ひきのヒョウが
のっているのは
本《ほん》のどこかな？

答《こた》えは113ページ

128のヒント

カゼをひいたら学校《がっこう》に行《い》けないだ〜。

109ページの答《こた》え　125…あんパン　126…あともどり

130 発目《ぱつめ》!

耳《みみ》できかないで
口《くち》からいれて
きくもの
なあに？

答《こた》えは114ページ

130 のヒント

元気《げんき》になるためには、のまなくっちゃな。

131発目《はつめ》!

10から1をとったのに11にふえたよ。なぜかな？

答《こた》えは115ページ

132発目《はつめ》!

ふとった人《ひと》にはできそうにないがまんってどんながまん？

答《こた》えは115ページ

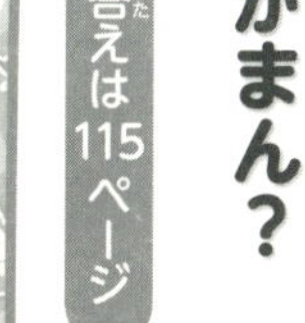

131のヒント

ケーキにろうそくをたてて、おいわいするだ！

111ページの答《こた》え 128…けっせき 129…ひょうし（ヒョウ4）

133発目《ばつめ》!

見《み》えない人《ひと》には
よく見《み》えて、
見《み》える人《ひと》だと
よく見《み》えない
ものなあに？

答《こた》えは116ページ

133 のヒント

目《め》のわるい人《ひと》には
とってもだいじなものよね。

134発目《はつめ》!

おしばいの練習《れんしゅう》をしているサルってどんなサル？

答《こた》えは117ページ

135発目《はつめ》!

かくれんぼをするときにでてくるカイはどんなカイ？

答《こた》えは117ページ

135のヒント

かくれんぼをしているとき、おにはなんて言《い》うかな？

113ページの答《こた》え 131…としをとった 132…やせがまん

136発《ぱつ》目《め》!

本《ほん》のあいだに
はさまれて
しまった
子《こ》のなまえは
なにかな？

答《こた》えは118ページ

136のヒント

本《ほん》をつづきから読《よ》むときにあると
べんりだぜ。みんなつかったことあるかな？

137発目《はつめ》!

ゾウはゾウでも
自《じ》分《ぶん》のかおを
かくゾウって
どんなぞう？

答《こた》えは119ページ

138発目《ぱつめ》!

切《き》っても
切《き》っても、
小《ちい》さくならずに
きえてしまう
ものなあに？

答《こた》えは119ページ

138のヒント

切《き》ると、くらくなるぞ。

115ページの答《こた》え　134…リハーサル　135…もういいかい

139発目《ぱつめ》!

キャンディーを
もって泣《な》いている
赤《あか》ちゃんから
とったら
泣《な》きやむものは
なあに？

答《こた》えは120ページ

139のヒント

おらはベロベロバーって、したりするだよ。

140発《はつ》目《め》!

グラスとグラスがぶつかったときにでてくるパイはなあに？

答《こた》えは121ページ

141発《ぱつ》目《め》!

さかだちすると3つもへるものはなあに？

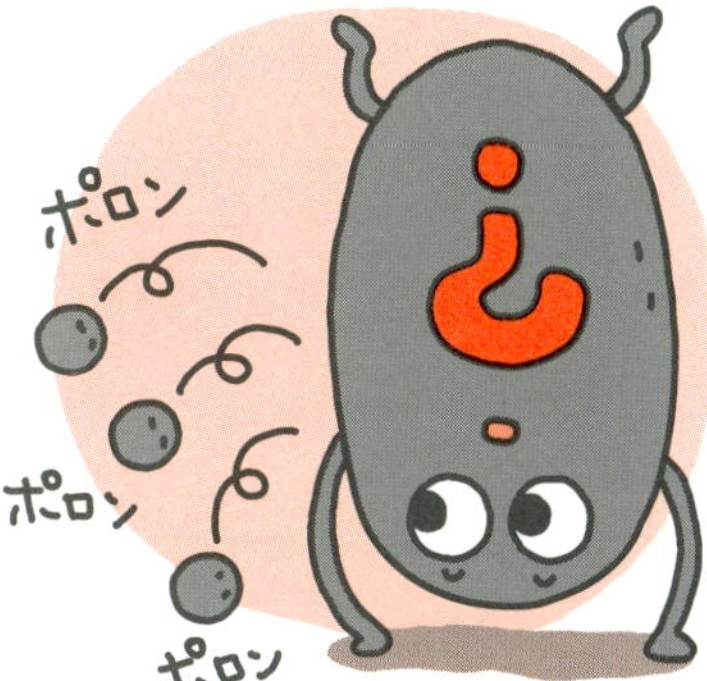

答《こた》えは121ページ

141のヒント

ヒントは「すうじ」だぜ。ニヒニヒ。

117ページの答《こた》え 137…じがぞう 138…でんき

142発目《はつめ》!

うくものなのに
しずむと
うれしいもの
なあに？

答《こた》えは122ページ

142のヒント

魚《さかな》つりをするときにつかうものだよ。

143発《ぱつ》目《め》!

しかくい月《つき》を
見《み》たという人《ひと》が
いるよ。
これはなんという
月《つき》かな？

答《こた》えは123ページ

144発《ぱつ》目《め》!

大《おお》きな
たてものでも
2頭《とう》はいると
いっぱいになる
どうぶつなあに？

答《こた》えは123ページ

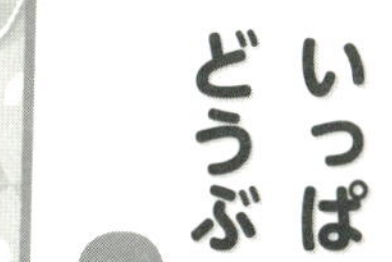

143のヒント

しかくい月《つき》なんてないよな。こんなことを言《い》うやつのこと、○○○○って言《い》うぜ。

119ページの答《こた》え　140…かんぱい　141…9（さかさにすると6）

145発目《はつめ》!

まるくて、くろくて
シワだらけ。
てんてんをつけると
宝石《ほうせき》にへんしん
するのは
なあに？

答《こた》えは124ページ

145のヒント

これがないと、こまるのりものがあるぞ。

146発目《はつめ》!

タネなしスイカのタネはどこにあるのかな？

答《こた》えは125ページ

147発目《はつめ》!

からだの中《なか》にあるのに、ないと言《い》われるのはなあに？

答《こた》えは125ページ

146のヒント

たしか、あのくだものの上《うえ》にあったわよ。

121ページの答《こた》え　143…うそつき　144…うし（牛牛《ぎゅうぎゅう》になる）

148発目《ぱつめ》!

赤《あか》ぐみと白《しろ》ぐみ。
赤《あか》、白《しろ》かんけいなく
もっている
食《た》べもののなあに？

答《こた》えは126ページ

148のヒント

ムニュムニュしてて、あまくておいしい食《た》べものだ。

149発目《はつめ》!

いくらあげても
いくらだしても
なくならない
ものなあに？

答《こた》えは127ページ

150発目《ぱつめ》!

しずかに
するようにと
言《い》っているタケは
どんなタケ？

答《こた》えは127ページ

150のヒント

タケといってもキノコのことだけどなっ。

123ページの答《こた》え　146…なしの上《うえ》　147…ないぞう

151発《ぱつ》目《め》!

かけないと
のぼったり
おりたりできない
ものは
なあに？

答《こた》えは128ページ

151のヒント

高《たか》いところにのぼるときにつかうものだぜ。

152発目《はつめ》!

夏《なつ》にでてこなくて
12月《がつ》のさいごにでてくる
蚊《か》はどんな蚊《か》？

答《こた》えは129ページ

153発目《ぱつめ》!

右《みぎ》の絵《え》のなかには
なん人《にん》の人《ひと》が
いるかな？

答《こた》えは129ページ

152のヒント

これがすぎたらお正月《しょうがつ》だ！
おもちたくさん食《た》べるだよ。

125ページの答《こた》え 149…声《こえ》 150…しいたけ（し〜タケ）

154発目《ぱつめ》!

スイカで
できるのは
スイカわり。
では、
からっぽになった
お茶《ちゃ》わんで
できるのは
なにわりかな？

答《こた》えは130ページ

154のヒント

もっと食《た》べたいときにこれをするだよ。

155発目《はつめ》!

海《うみ》やくつには
あって
山《やま》やげたには
ないものは
なあに？

答《こた》えは131ページ

156発目《はつめ》!

おひさまも
お月《つき》さまも
見《み》えなくなる
森《もり》って
どんな森《もり》？

答《こた》えは131ページ

155のヒント

海《うみ》の○○はあっても、
山《やま》の○○とは言《い》わないぜ。

127ページの答《こた》え　152…おおみそか　153…ひとり（ハヒフヘホからヒをとっている）

157発《はつ》目《め》!

じゃんけんをして
グーにかった
王《おう》さまが
立《た》っていた
場所《ばしょ》は
どこかな?

答《こた》えは132ページ

157のヒント

車《くるま》をとめておくところだぜ。

158 発《ぱつ》目《め》!

プレゼントをもって
でかけるとき、
いそいでなくても
かけたくなるのは
なにかかな？

答《こた》えは106ページ

159 発《はつ》目《め》!

魚《さかな》たちが
えいがをつくったよ。
かんとくを
やった魚《さかな》は
なあに？

答《こた》えは106ページ

158 のヒント

プレゼントのハコにかけると、とってもきれいなのよね。

160発《ぱつ》目《め》!

つめたいけれど
水《みず》じゃなく、
とけちゃうけれど
こおりじゃない。
おすとかたくなる
ものなあに？

答《こた》えは107ページ

160のヒント

冬《ふゆ》になるとふることがあるぜ。○○がっせんしたり、○○だるまをつくったりするよな。

130ページの答《こた》え　157…パーキング（王《おう》さまはえいごでキング）

上《じょう》級《きゅう》編《へん》なぞなぞミッション

ゾロンド・ロンの正体《しょうたい》をあばけ！

WANTED
オレさまが
つきとめてやるぜ！
おらたちも
ついていく
だよ！

上級編《じょうきゅうへん》なぞなぞミッションの答《こた》えは144ページにあるよ。

こんなところに
なぞなぞが
あるだ!
よし! はやく
ゾロンド・ロンに
おいつこうぜ!

161〜163発《ぱつ》目《め》!

クイズ

ゾロリからスタートして、ゾロンド・ロンまでしりとりをしてるよ。①②③にはいるのはアイウのどのなぞなぞの答《こた》えかな?

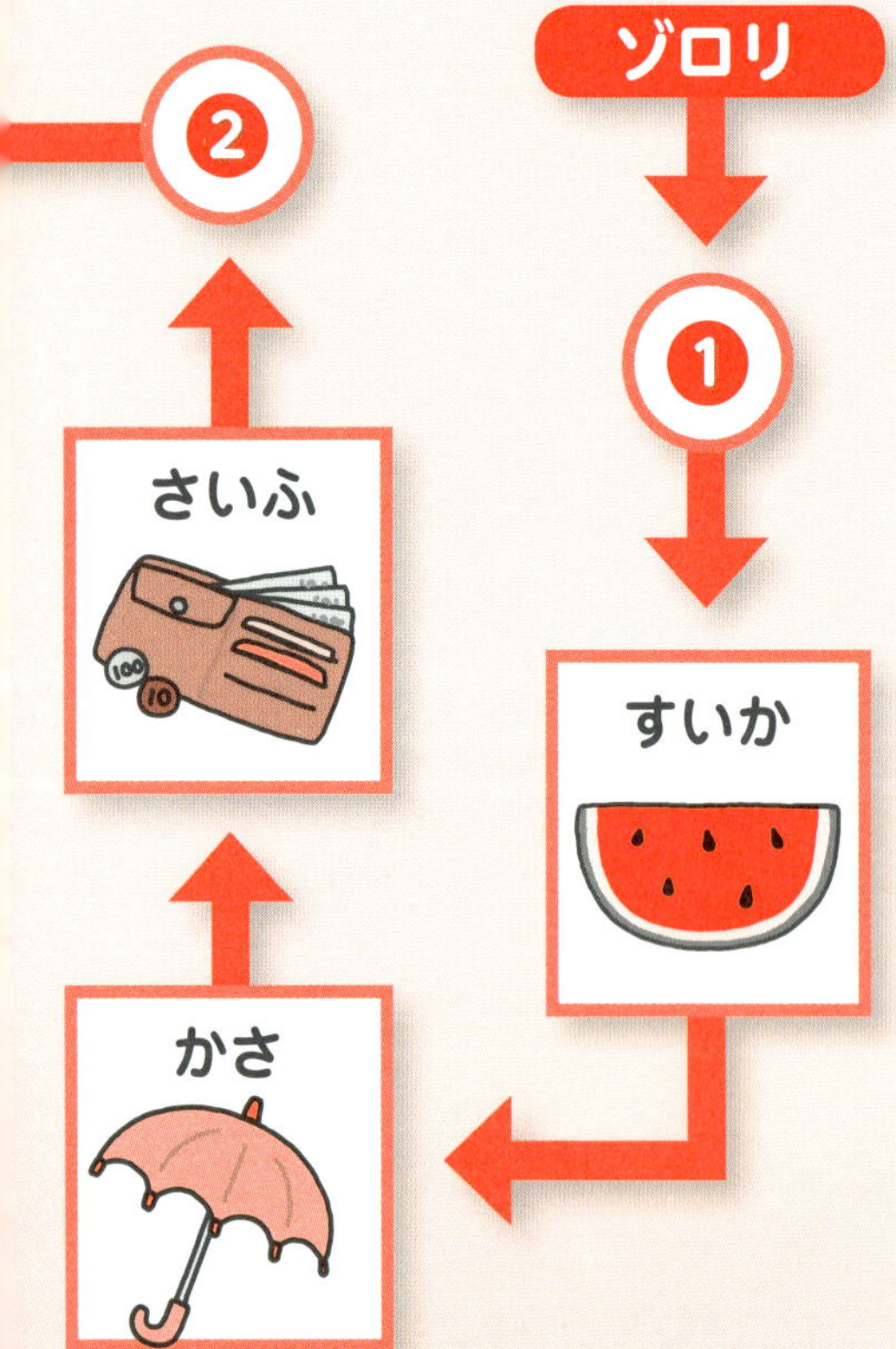
ゾロリ
1
すいか
かさ
さいふ
2

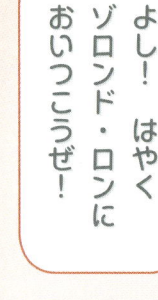

ア
いれものみたいな
なまえの鳥《とり》は
なあに？

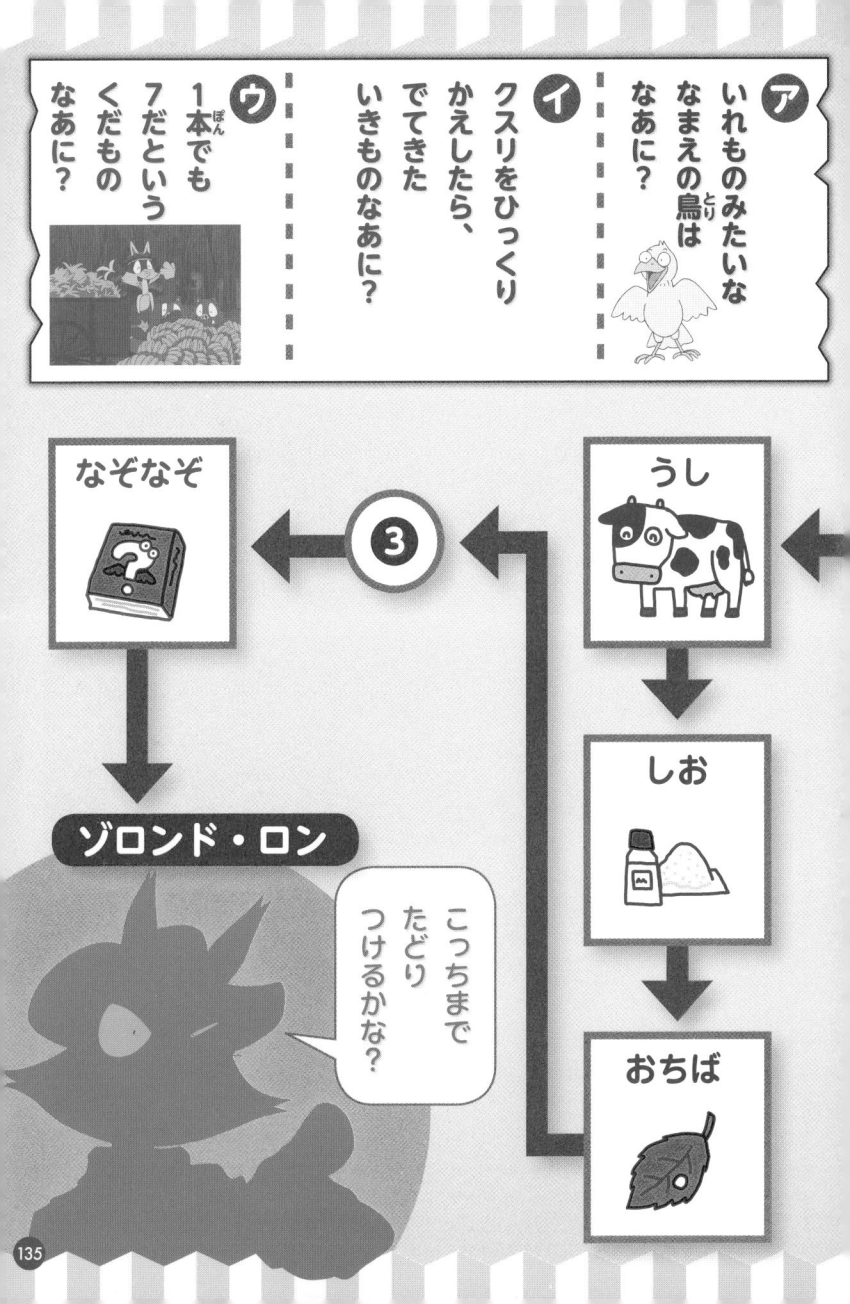

イ
クスリをひっくり
かえしたら、
でてきた
いきものなあに？

ウ
1本《ぽん》でも
7だという
くだもの
なあに？

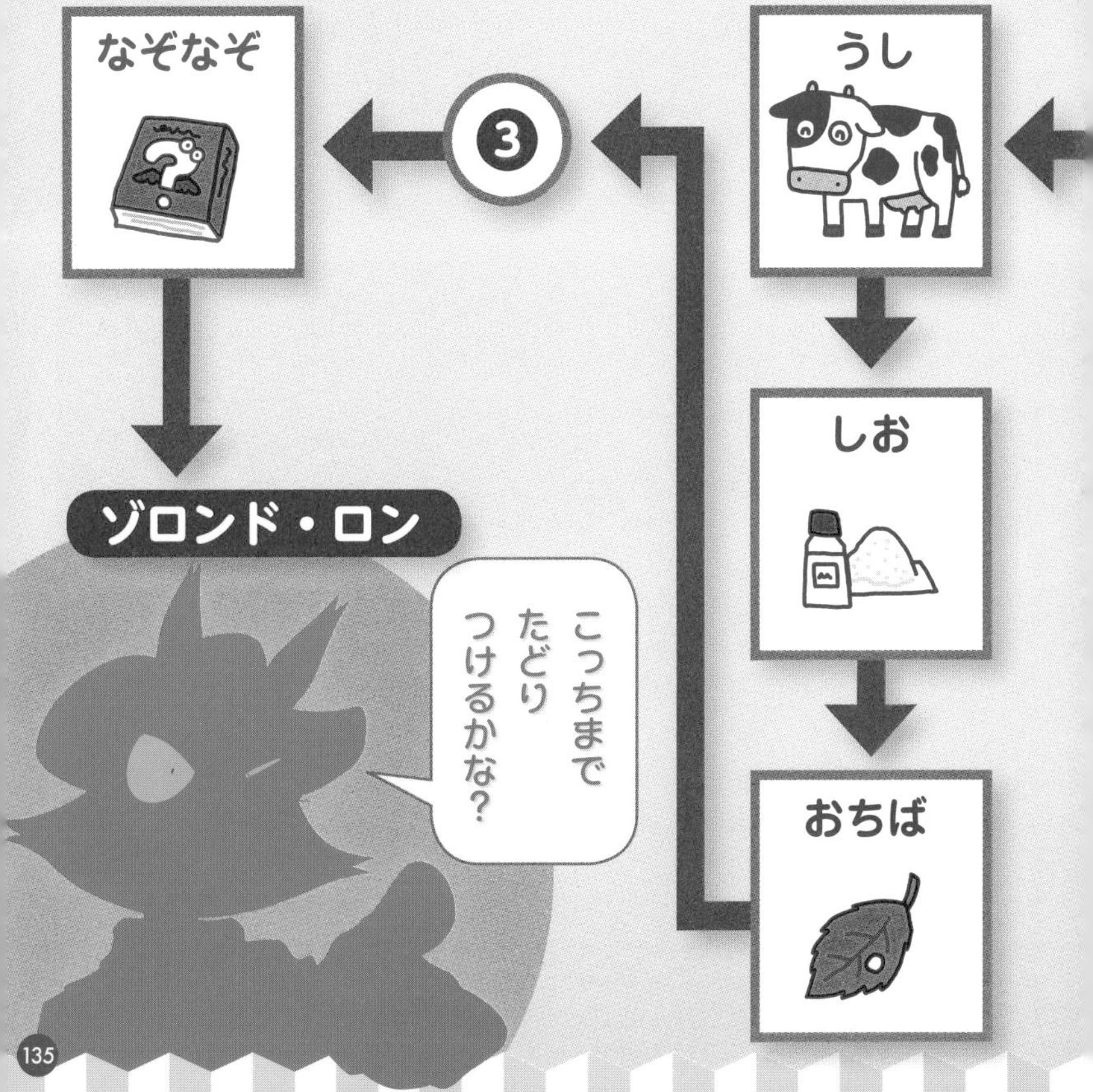

うし
しお
おちば
3
なぞなぞ
ゾロンド・ロン
こっちまでたどりつけるかな？

164〜165発目《はつめ》!

クイズ

アとイそれぞれ番号《ばんごう》じゅんにおなじ場所《ばしょ》にある文字《もじ》を読《よ》んでいこう。なぞなぞの答《こた》えはなにかな？

ア

13	2	15	11	5
6	20	1	7	14
17	9	16	18	10
12	4	19	3	8

う	き	っ	と	き
で	？	う	も	き
な	ら	て	あ	を
ぶ	う	に	は	そ

イ

き	う	う
き	の	と
り	ん	あ
だ	に。	の
も	な	の
ほ	い	ゅ

1	11	3
7	15	9
13	5	17
8	18	12
14	16	6
4	10	2

166〜169発目《はつめ》!

クイズ

1から4のなぞなぞの答《こた》えがでたら、あみだめいろをすすもう。正《ただ》しい答《こた》えに行《い》くのは何《なん》番《ばん》と何《なん》番《ばん》かな?

1

かきは
かきでも
かべやへいで
見《み》られるのは
なにがき?

2

毎日《まいにち》まわって
いるのに、だれも
目《め》をまわさない
ものなあに?

3

足《あし》から
はいったのに、
かたからでる
あったかいもの
なあに?

4

9ひきのリスが
マスをつるのは
どんなつり?

※まがりかどは、かならずまがるよ！

なかなかゾロンド・ロンにおいつかないだよ。
なぞなぞはどんどんでてくるだ。

170〜176発《はつ》目《め》!

クイズ

①〜⑦のなぞなぞの答《こた》えを左《ひだり》のマスからさがして○でかこもう。上下《じょうげ》も左右《さゆう》もどう読《よ》んでもいいし、おなじ文字《もじ》を何度《なんど》つかってもいいよ。

① ボールをとろうとすると、みんなにおとすように言《い》われるいきものなあに？

② かばんのなかみをとったらのこったものはなあに？

③ 4ひきの蚊《か》がばけたどうぶつなあに？

おまけクイズ

のこった文字《もじ》でできる花《はな》はなにかな？

オ	ッ	ト	セ	イ
ボ	シ	ラ	ズ	ク
ツ	カ	ン	マ	ラ
ウ	ラ	プ	ナ	バ

4 ねだんをきいてしまう食《た》べものなあに？

5 ツボをおしりにくっつけてる魚《さかな》はなあに？

6 なまえがまずそうな魚《さかな》はなあに？

7 A《エー》～Z《ゼット》はアルファベット。ではA《エー》～K《ケイ》のものは、なあに？

177〜179発目《はつめ》!

クイズ

❶〜❸のなぞなぞの答《こた》えをつなげよう。なにになるかな?

❶ アシカの足《あし》をかくしたらでてきた虫《むし》はなあに?

❷ てがみの中《なか》にはいっていた虫《むし》はなあに?

❸ かわの下《した》にある食《た》べられるところはなあに?

した?

これをとけば、正体《しょうたい》がわかるだか!
よし!これがさいごのもんだいだな!

よし！　おいついたぜ！
ゾロンド・ロン、
おまえの正体《しょうたい》は…！
あれ？！
ドロン！
180発《ぱつ》目《め》!
クイズ
○の文字《もじ》をたから
ひとつとばしに
やじるしのほうに
読《よ》むと、どう
読《よ》めるかな？
た ら か ま ら け さ な が い し ぜ な
でも、
なんとなく
ゾロリせんせに
にてる気《き》が
するだなあ…。
けっきょく、
トレジャー・
ハンターって
ことしか
わから
なかったぜ…。

上《じょう》級《きゅう》編《へん》なぞなぞミッション 答《こた》え

134・135ページの答《こた》え

① ④リス
② ㋐ふくろう
③ ㋒バナナ（バ7）

136・137ページの答《こた》え

㋐うきはうきでもそらをとぶうきってなあに？
答《こた》え：ひこうき
④9本《ほん》の木《き》だというのりものなあに。
答《こた》え：ききゅう（木《き》9）

138・139ページの答《こた》え

②、④

（①らくがき　②ちきゅう
③ふろ（おんせん）　④クリスマスツリー）

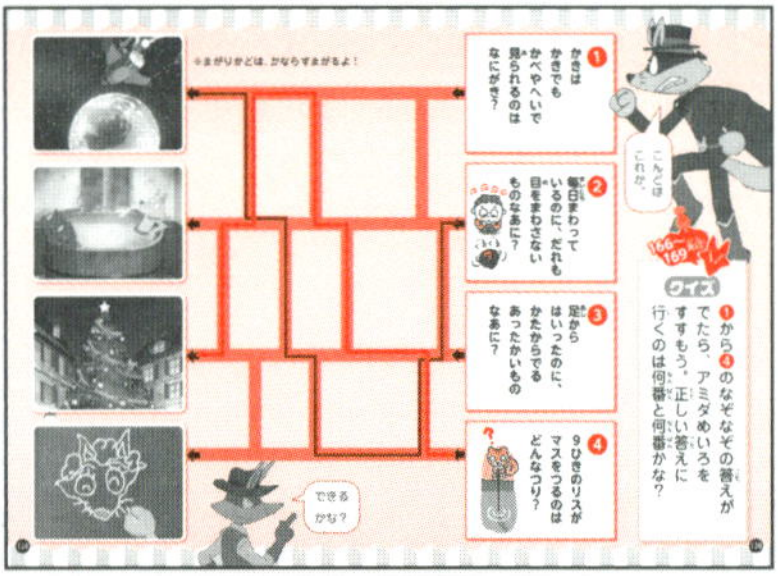

140・141ページの答《こた》え

①オットセイ　②カン（「ば」をぬく）
③シカ（4蚊《か》）　④イクラ　⑤ウツボ
⑥ナマズ　⑦トランプ（トランプにかいてある字《じ》をよーく見《み》てみよう）

おまけクイズの答《こた》え

バラ

オ	ッ	ト	セ	イ
ボ	シ	ラ	ズ	ク
ツ	カ	ン	マ	ラ
ウ	ラ	プ	ナ	バ

142ページの答《こた》え

（かがみ）①蚊《か》　②ガ　③実《み》

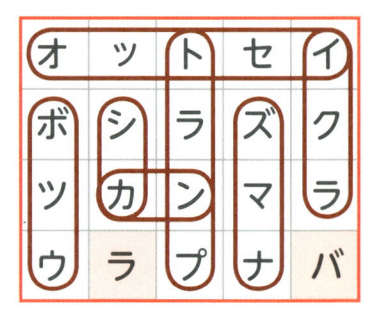

143ページの答《こた》え

たからさがしならまけないぜ

ブルルとコブルのいじわるなぞなぞ

パート3

いじわるななぞなぞをだすのもこれでさいごとしよう。
社長《しゃちょう》、もうおしまいでしゅか？

181 発目《はつめ》!

たくやくんは、いつもジュースをストローですってのむよ。なぜかな？

答《こた》えは148ページ

182 発目《はつめ》!

ウサギとカメがかけっこをして、ウサギがとちゅうでねたのはなぜかな？

答《こた》えは148ページ

182のいじわるヒント

ウサギとカメの足《あし》のはやさがちがうのは知《し》っておるか？

148ページの答《こた》え 185…やってみないとわからない

183発目《はつめ》!

ツチノコを見《み》た
という人《ひと》がいるけど、
ツチノコは本当《ほんとう》に
いるか？

答《こた》えは148ページ

184発目《はつめ》!

やおやさんの
おじさんは
テレビを見《み》ないで、
ラジオをきいて
いるよ。どうして、
ラジオをきいて
いるのかな？

答《こた》えは148ページ

184のいじわるヒント

テレビとラジオはぜんぜんちがうもの
でしゅからね！

185発目《はつめ》!

じゃんけんをして、1回目《かいめ》はチョキでかち、2回目《かいめ》はグーで負《ま》けた。さて3回目《かいめ》はどうなるかな？

答《こた》えは146ページ

185のいじわるヒント

わしはじゃんけんにかならずかつぞ。

社長《しゃちょう》～じゃんけんは運《うん》じゃないんでしゅか～？

146ページの答《こた》え　181…ふいたらのめないから　182…ねむかったから
147ページの答《こた》え　183…イルカ（いるか）じゃなくてツチノコだよ　184…ラジオは見《み》ないできくものだから

最《さい》終《しゅう》なぞなぞミッション

ようかいワールドで お宝《たから》をうばえ！

いよいよさいごのミッションだ！
ゴールは目《め》のまえ！ついに
なぞなぞ 200 連発《れんぱつ》クリアだぜ‼

最終《さいしゅう》なぞなぞミッションの答《こた》えは159ページにあるよ。

行《い》くぞ！宝《たから》のあるところまで、どんどんすすむんだ！
行《い》くだ行《い》くだ〜！
ようかい なぞなぞ スタート
186〜189発目《はつめ》！
クイズ

とちゅうのなぞなぞをすべてときながらゴールまで行《い》こう。
1
月《つき》は月《つき》でも血《ち》が大《だい》すきなこわいつきはなあに？

2
大《おお》きなかみを
もっているのは
どんな男《おとこ》？
3
いつもイラ、
イラ、イラと
してる男《おとこ》は
だあれ？
4
「び」の上《うえ》に「6」が
2つのってる
おばけはなあに？

次《つぎ》のページにつづく

家《いえ》にあるもの おばけなぞなぞ

190〜194発目《ぱつめ》!

1

立《た》ってないと すわれない 4本足《ほんあし》の おばけは なあに?

家《いえ》にあるものが おばけになってるだ!

2

かみの毛《け》を とかしてしまう トゲトゲおばけ なあに?

前《まえ》のページの つづき

次《つぎ》のページにつづく
3
毎朝《まいあさ》お父《とう》さんのくびをしめつけるのはなあに？
4
つめたいこおりのからだにホネが1本《ぽん》のわたしはだあれ？
5
ビンを見《み》るとかみつくおばけなあに？

195～198発目《ぱつめ》!

外《そと》で見《み》るもの おばけなぞなぞ

前《まえ》のページのつづき

こんなものまで
おばけに
なってるだか!?

1 こうさてんで ボ～っと立ってる 三《み》つ目《め》おばけは なあに？

2 こぐと前《まえ》に すすむ ホネホネおばけは なあに？

次《つぎ》のページにつづく
4
土《つち》にうめたらキツネのなき声《こえ》が9回《かい》したよ。これなあに？
こっちだぜ！
3
のるとこわくて毛《け》がブルブルふるえ、あたまに血《ち》がのぼるのりものなあに？
あれ〜？

前《まえ》のページのつづき 199〜200発《ぱつ》目《め》！

1 石《いし》と土《つち》があるぞ。しゃべりだすのはどっちかな？

2 口《くち》もないのに歯《は》があって、まつげがないのに目《め》があって、くしゃみをしないのにはながあるものなあに？

ああっ！宝《たから》ばこが2つあるだ。
どちらかをえらべ
小《ちい》さいはこをえらぶといいことがあるだかな…？
ニヒニヒ。あけるのは大《おお》きいはこがいいにきまってるだろ！
おまけ クイズ
宝《たから》ばこをあけるカギを見《み》つけよう。
みほん
あ
い
う
え
お
か
ガタ
ガタ

さあ、あけるぜ
ガチャ
ワーーッ
わ〜!ようかい学校《がっこう》のみんながでてきただ!
ひさしぶりだ!
みんなのでばんをさいごにつくってあげたのさ。ニヒニヒ。

最《さい》終《しゅう》なぞなぞミッション 答《こた》え

150・151ページの答《こた》え

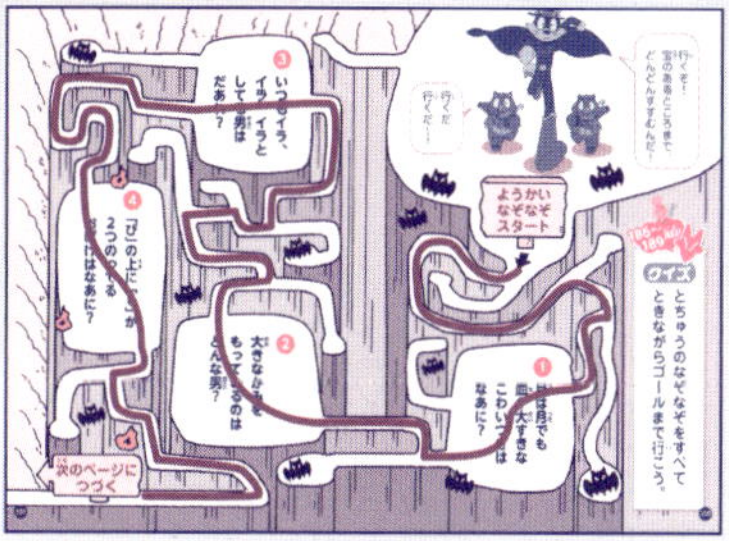

①きゅうけつき　②オオカミ男《おとこ》　③ミイラ男《おとこ》
(イラが3つでミイラ)　④ろくろ首《くび》

152・153ページの答《こた》え

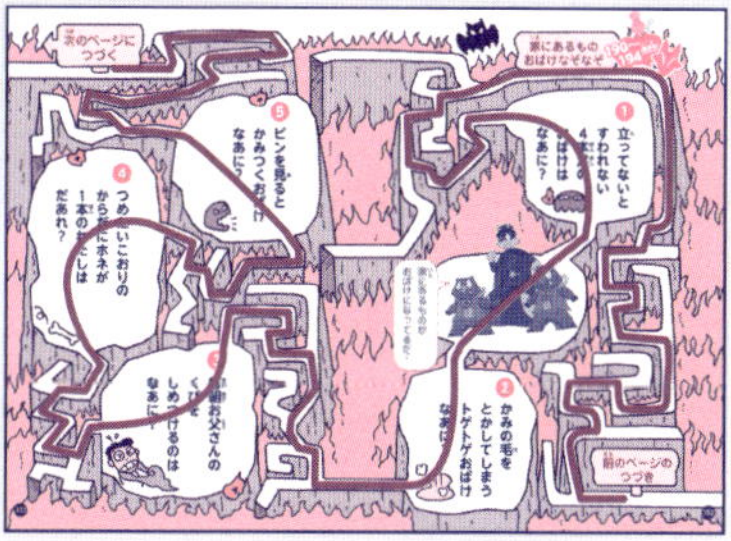

①イス　②くし・ブラシ　③ネクタイ
④アイスキャンディー　⑤せんぬき

154・155ページの答《こた》え

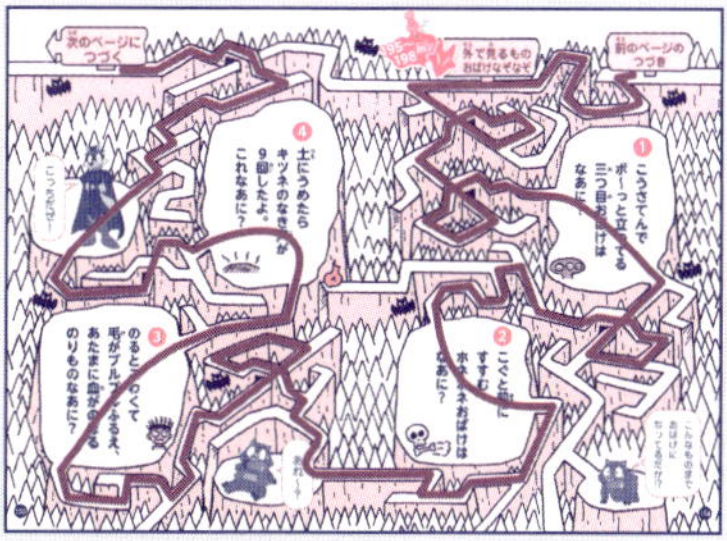

①しんごうき　②じてんしゃ　③ケーブルカー
④きゅうこん(コンが9回《かい》で9コン)

156・157ページの答《こた》え

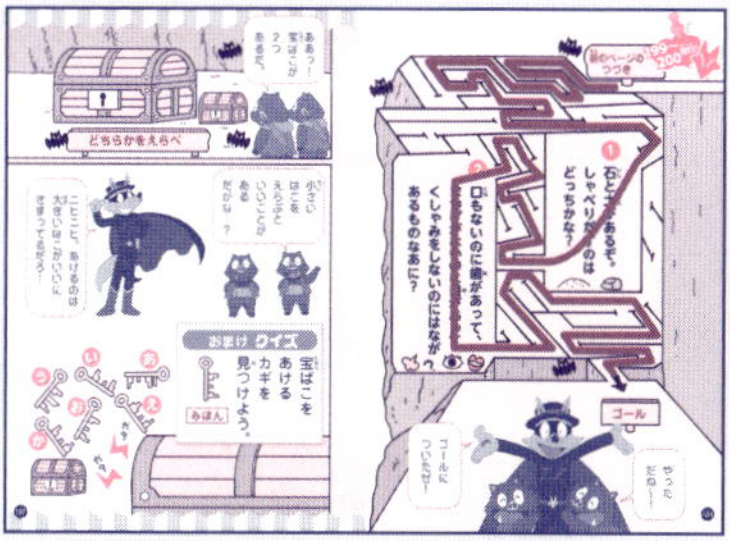

①石《いし》(石《いし》という漢字《かんじ》の中《なか》に口《くち》があるから)
②花《はな》のさく、しょくぶつ

おまけクイズの答《こた》え

お

原《はら》ゆたかがでてきたページ

3ページ・23ページ・41ページ・
52ページ・56ページ・92ページ・
130ページ・139ページ

かいけつゾロリの
なぞなぞ200連発！

2012年7月　第1刷　　2012年12月　第6刷

原作・監修　原ゆたか（「かいけつゾロリ」シリーズ ポプラ社刊）

作・構成　嵩瀬ひろし
イラスト　森のくじら　亜細亜堂　嵩瀬ひろし
デザイン　クラップス（堀内まい　対馬 望）

発行者　坂井宏先
編集　加藤裕樹　長谷川慶多

発行所　株式会社ポプラ社
〒160-8565　東京都新宿区大京町 22-1
電話　（編集）03-3357-2216
（営業）03-3357-2212
（お客様相談室）0120-666-553
FAX　（ご注文）03-3359-2359
振替　00140-3-149271
ホームページ　http://www.poplar.co.jp
ポプラランド　http://www.poplarland.com

印刷・製本　凸版印刷株式会社

ISBN 978-4-591-12993-7
N.D.C.913/159P/18cm　Printed in Japan